映像で見る

0・1・2歳の
ふれあいうた
あそびうた

やさしさを育む88の関わり

監修 ● 汐見稔幸

監修にあたって

"育ち"のリズムと空間をとりもどすために
汐見稔幸

「少しでもはやく」——この人間の欲望によって、今ある物質的に豊かな文明社会が築かれました。はやくつくることで、質の高いものを安価で大量に普及し、乗り物をはやくすることで、短時間で遠くまで行けるようにし、はやい計算機をつくることで、ＩＴネットワークをつくりました。

産業革命以来、「"はやく"を実現すれば、ラクで豊かな生活が手に入る」という論理が人間を引っぱってきました。そして、その「夢」の実現をめざして、人間は科学技術の発展を加速度的にすすめ、「はやさと効率化こそが大事」という価値観をベースにして突っ走ってきたのです。その結果、社会構造は整理され、合理的な生産体制が生まれました。

しかし、モノは豊かになっても、人の心は豊かにはなりませんでした。コンピュータが短い時間でたくさんの仕事をこなしてくれますが、人間はコンピュータの凄まじいスピードにあやつられるように、仕事をこなさなくてはならなくなりました。楽をもとめてつくった便利さが、新たな忙しさと疎外感をつくり出したのです。

そうした社会の歪みは、しわ寄せとなって現代の子育てに現れました。文明という特急列車の、あまりにもはやい運行スピードに、自然界や人間という生きもの本来の、ゆったりとしたリズムはついていくことができなくなってきたのです。人と人とのゆったりとしたふれあいも次第に消えていきました。"子育て文化"という大切な積荷がボロボロと落とされてしまいました。

元々、社会の中心には、子どもを育て次世代につなげるという人類にとって最も大切な営みを支えるゆったりとしたリズムがありました。しかし、産業のリズムが社会の中心になって以降、それが崩れ始めたのです。それまで、ヒトが人になっていく過程にあったはずの、あたたかい手間ひまかけた生活までも、効率化され合理化されてしまいました。今では、子どもの育ちそのものにまでも、スピードを求めるようになってしまいました。

今こそ、子どもを豊かに育て、育てることを通して大人も育つ、社会が育つという、ゆったりとした育ちのリズムと空間をとり戻すべきではないでしょうか。

本書は、子育てにおける心地よい「関わりの原点」の姿が、うたによるふれあいあそびとして、映像と解説でまとめられています。この映像は、保育誌『園と家庭を結ぶ　げんき』の編集部が中心となって、保育園での０・１・２歳児の日常風景をまとめたものです。88曲のわらべうたあそびについて、寝返り前のころ、ハイハイをしはじめた好奇心いっぱいのころ、そして、歩行がはじまって幼児の世界へ入りつつあるころと、それぞれの発達にあわせたあそびの姿がわかりやすく整理されています。一つのうたが、各段階にあわせて、いろいろなふれあいになっていく様が、画面いっぱいにひろがっています。

本書でとりあげられているのはわらべうたですが、それはふれあいのうたであり、子どもとあそぶうたであり、育ちを支えるうたにほかなりません。そのゆったりとしたリズム、五感をやさしく刺激するふれあいなど、子育てにおける大切な要素がたっぷりとふくまれています。

この映像を眺めているだけで、忘れかけていたようなゆったりとしたリズムに連れ戻されるでしょう。赤ちゃんの笑顔をみて、子どものうたに反応する仕草をみていると、思わず共鳴してしまいます。子育てがコミュニケーションであることを、あらためて気づかせてくれるやりとりで、これこそが子育てのスキルだといえます。

わらべうたについては、これまでも多くの書物、ＣＤなどが出版されてきました。しかし、その質が確保された上で実際の子どもとのあそびが収録され、これだけの数のあそびが総時間約２時間30分という本格的な映像資料として出版されるのは、初めてです。

今、この映像にあるような大人と子どものふれあいや、子ども同士の仲間とのあそびなどが、教育現場では注目されています。その意味で、本書は、子育て中の親御さん、子育て支援現場、幼稚園・保育園のように保護者といっしょに子育てに奮闘している現場など、多くの場所で活用いただきたい貴重な教材です。

子育ての心地よさを実感しにくい現代だからこそ、こうしたやさしさあふれる関わりの姿を多くの方々が見て、人間にとっての原点を見つめ直してくれることを願っています。

推薦の言葉

人と人との交わりの根が、この映像にはある
松居直（児童文学者）

　この映像には、現代の子育てにおいて、決定的に失われているものがみごとに語られています。
　私たちがいま生きていられるのは、母からいちばん大切ないのちをもらい、同時にいのちの器であるからだをもらったからです。そして、そのいのちを支える力となる言葉も、母からもらいました。母に抱かれてその声を聞くことからはじまり、からだの触れ合いと、声のここちよさを感じることで、いのちも気持ちも心も目覚めます。声の言葉は、うたわれたり話されたりすることで、高く、低く、強く、弱く、またやわらかさやさしさといった調べをともなって、言葉に秘められた力を伝え、子どもの気持ちを目覚めさせ、ゆり起こし、感じる力と伝える力を育てます。それにからだの動きが伴うと、身心の働きを共にすることで気持ちがつながります。
　親子のきずなや人と人との交わりの根は、幼いときの声の言葉とからだの触れ合いのあたたかさと深さにかかっています。この映像は、現在の親子関係の希薄化や人間関係の空白化、そして社会のくずれの原点がどこにあるかを鮮明に示しています。

子育て文化の砂漠の中で、深い豊かな井戸を掘り当てた
山田真理子（九州大谷短期大学教授）

　「子どもたちとどう関わったらいいか分からない」「遊び方が分からない」という母親が増えています。また、人とうまく関われない子どもも増えているようです。
　それは乳児期からの関わりあそびやリズム感のある揺さぶり・唱えうたが欠けてきているからだと私は感じていました。日常のささいな関わりの中にあった子育ての宝物が、いつの間にか消えてしまいそうになっていました。しかし、この映像は、そんな「ヒトが人に触れて人間になってゆく」珠玉の関わりに満ちています。
　ここに収録された映像は、母親のみならず、今、保育に携わっている者、これから保育者になる者にとって重要な手がかりになるでしょう。

乾きゆく日本の子育て文化の砂漠の中で、深い豊かな井戸を掘り当てた…、そんな気持ちです。しかも、これらのうたが相手への想いに満ちた表情と声で、正確なリズムで唱えられていますから、子どもたちの耳に心地よく響き、いっしょに呼吸を合わせる気持ちよさを実感しながら育ってゆくことでしょう。日本の子どもたちの再生の鍵がここにあります！

人間の子どもが人間として育つために

田澤雄作（国立病院機構仙台医療センター小児科医長）

　ある小春日、絵本の読みきかせ、素話、そしてわらべうたを子どもたちと一緒に楽しみました。人間の言葉そしてうた声は素敵だなと感じて、ぽかぽかとしたよい気持ちになりました。その数日後、この映像を観た時、今度は心臓が小さく震え、頭の中に懐かしい情景と言葉が溢れてきました。幼い子どもたちがこのうたの穏やかな言葉とリズムで育まれる時、人間の子どもは人間として育ち、人間の大人に成長する、人間の未来があると確信しました。子どもたちに寄り添うすべての人に観て聞いてもらいたい、人間の始まりのうたとその姿です。

あるものの映像は　智恵の結晶　至高の宝
わらべうたは　始まりの言葉
笑顔　安らぎ　眠りを誘う　密かな言霊（ことだま）

ゆっくり　おだやかに　刻まれる時
手の温もり　肌の暖かさ　やさしさの触れあい
命のゆりかご　人間らしさのアンテナが揺れる時

うたは心のスイッチ　眼と眼は　魂がふれあうところ
命よ「こんにちは」　母子の心の響き合い
五感　六感のパワーが拡がるところ

家族の絆　親子の絆　人間の絆
何時か　何処かで聞こえていたうた　わらべうた
思い出が溢れ出る時　織りだされる　悠久の錦絵

うた声にあこがれる優しい娘　その娘にひかれる青年
二人の出合い　こころやさしい家族の誕生
揺れる水面（みなも）　輝く命の始まるところ

目次

● DVD

No.	タイトル	ページ
No.1	このこどこのこ	8
No.2	いない いない ばー	9
No.3	いちり にり	10
No.4	こーぶろ こーぶろ	11
No.5	かくれよ ばー	12
No.6	じーかいて ぽん	13
No.7	たけんこが はえた	14
No.8	うえから したから	15
No.9	いもむし ごろごろ	16
No.10	あずきちょ まめちょ	17
No.11	でこちゃん はなちゃん	18
No.12	おらうちの	19
No.13	どっちん かっちん	20
No.14	ちょうちょ ちょうちょ	21
No.15	えんやら もものき	22
No.16	たんぽぽ たんぽぽ	23
No.17	じー じー ばー	24
No.18	どんぶかっか	25
No.19	ちゅっちゅ こっこ	26
No.20	こねまぬ なくか	27
No.21	ねんねん ねやまの	28
No.22	かぜふくな	29
No.23	いまないたからすが	30
No.24	あいにさらさら	31
No.25	さよなら あんころもち	32
No.26	ほたるこい	33
No.27	たこたこ あがれ	34
No.28	まめっちょ	35
No.29	うまはとしとし	36
No.30	ぼうず ぼうず	37
No.31	あし あし あひる	38
No.32	つーながれ	39
No.33	もみすり おかた	40
No.34	ぎっちょ ぎっちょ	41
No.35	かご かご	42
No.36	ほっぺの もっちゃ	43
No.37	こりゃ どこの	44
No.38	ももや ももや	45
No.39	かれっこ やいて	46
No.40	なべなべ	47
No.41	ちょち ちょち あわわ	48
No.42	こめついたら	49
No.43	じごく ごくらく	50
No.44	だるまさん	51

楽譜一覧 116

うたの解説頁の右上に 楽譜 がある場合は、メロディのあるうたです。「P.***」で楽譜掲載ページを指定しています。

監修にあたって 2
推薦の言葉 4

No.45	くまさん　くまさん……52	No.67	おふねは　ぎっちらこ……74
No.46	おじいさん　おばあさん……53	No.68	たぬきさん……75
No.47	どのこがよいこ……54	No.69	やすべー　じじいは……76
No.48	めん　めん　すー　すー……55	No.70	おやゆび　ねむれ……77
No.49	おすわりやす……56	No.71	きつねんめ……78
No.50	あたまさま　まいた……57	No.72	あがりめ　さがりめ……79
No.51	いっすんぼうし……58	No.73	あんこ　じょーじょー……80
No.52	おでんでんぐるま……59	No.74	ここは　てっくび……81
No.53	いちめどー……60	No.75	できもん　かち　かち……82
No.54	とうきょうと……61	No.76	かんてき　わって……83
No.55	おにさの　るすに……62	No.77	ここは　とうちゃん……84
No.56	あかちゃん　あかちゃん……63	No.78	たまげた　こまげた……85
No.57	どどっこ　やがいん……64	No.79	でんでんむし……86
No.58	てっての　ねずみ……65	No.80	きっこの　こびきさん……87
No.59	ぎっこん　ばっこん……66	No.81	とのさま　おちゃくざ……88
No.60	にぎり　ぱっちり……67	No.82	たにこえ　やまこえ……89
No.61	ねずみ　ねずみ……68	No.83	かってこ　かってこ……90
No.62	おちゃを　のみに……69	No.84	おでこさんを　まいて……91
No.63	かたどん　ひじどん……70	No.85	どんぐり　ころちゃん……92
No.64	おせんべ……71	No.86	どっち　どっち……93
No.65	こぞーねろ……72	No.87	いちじく　にんじん……94
No.66	ごいごいごいよ……73	No.88	ひとつ　ひよどり……95

子育て文化が詰め込まれた"わらべうた" ……96
お母さん、お父さん、子育て中のみなさまへ ……99
子育てを支援するみなさまへ ……103
保育現場のみなさまへ ……107
本書の映像について ……112
曲目一覧（50音順） ……126

1 このこどこのこ

P.116

　　このこ　どこのこ　かっちんこ

●解説

　大人がはっきりと口を動かしてうたうと、子どもは大人の表情や口の動きをじっと見ながら、耳を澄ますようになります。

　向かい合って揺らすときは、子どもの目を見て語るようにうたいます。「このこどこのこ」はゆったりと、「かっちんこ」ははずむようにうたいます。

　言葉の出始めでは、大人の口を真似しながら、最後の「こ」や「かっちんこ」を自分でも発音してよろこぶようになるでしょう。

★子どもたちは、うたの最後から真似ていきます。それだけで、自分もうたに参加したように充実します。

寝返りまでのころ
①抱っこでゆらしながら ▶DVD

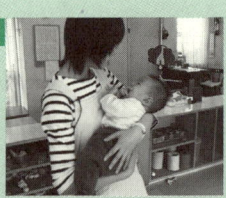

ハイハイのころ
①抱っこでゆらしながら
②ひざの上でゆらしながら ▶DVD

歩行、言葉のはじまり
①抱っこでゆらしながら
②ひざの上でゆらしながら ▶DVD
③手をとりあって ▶DVD
④おんぶしながら ▶DVD
⑤人形に

8

2 いない いない ばー

いない いない ばー

●解説

「あなたのことが大好きよ」という気持ちを込めて、「○○ちゃん」と名まえを呼んでから始めると、子どもは愛情を感じて安心します。

「いないいない」で隠れた顔が、「ばー」で再び現れるというこのあそびは、信頼している大人が一瞬見えなくなっても、必ずまた戻ってきてくれるという確信につながっていきます。

くり返すうちに、子どもは安心して一人あそびができるようになるのです。

★大きな声で脅かすのではなく、子どもが安心するようにうたいます。「ばー」は、少し高めにやさしく発音します。

寝返りまでのころ
①顔を手で隠しながら ▶DVD
②物や布で顔を隠しながら

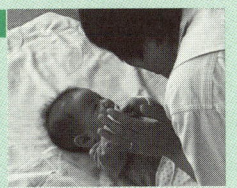

ハイハイのころ
①顔を手で隠しながら ▶DVD
②物や布で顔を隠しながら ▶DVD
③何かを隠しながら

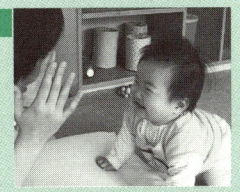

歩行、言葉のはじまり
①顔を手で隠しながら
②物や布で顔を隠しながら
③何かを隠しながら
④人形に ▶DVD

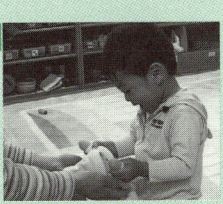

3 いちり にり

いちり　にり　さんり
しりしりしり

●解説

体の「尻」と距離の「四里」とをかけて、一里、二里と足先からお尻までの道のりを進んでいきます。

子どもは、最後にくすぐられることを期待しながら、大人の手が徐々にお尻に近づいてくることを感じ取ります。

足は、顔や手などよりも感覚が鈍い部分です。他よりも力を入れてしっかりと刺激することで、心地よさを感じることができます。

寝返りまでのころ
①手やお腹にふれながら ▶DVD
②足先からふれながら

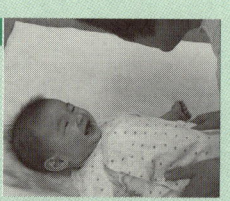

ハイハイのころ
①手やお腹にふれながら ▶DVD
②足先からふれながら ▶DVD

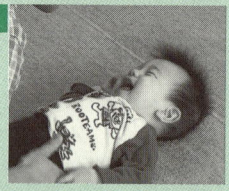

歩行、言葉のはじまり
①手やお腹にふれながら
②足先からふれながら

★最後の「しり」で尻になるよう、体のいろいろな部分にふれてあそびましょう。

4 こーぶろ こーぶろ

こーぶろ　こーぶろ
どのこが　かーいー
このこが　かーいー

●解説

大人と目を合わせながら、頭の上をやさしくなでられた感触とともに、大人からの愛情をたっぷり受けとめます。

「いいこだね」「かわいいね」と、たくさんほめられて育った子どもは、自信を持って仲間との人間関係を築いていくことができます。

うたを通してほめられた子どもも、言葉でほめられるのと同じように、大きな自信を得ていくことでしょう。

寝返りまでのころ
①体をなでながら ▶DVD

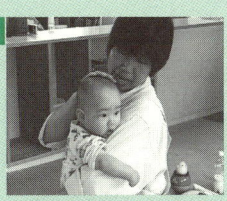

ハイハイのころ
①頭や体をなでながら ▶DVD

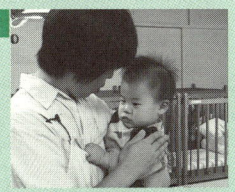

歩行、言葉のはじまり
①頭や体をなでながら
②人形に

★小さい子どもには、体の一部をなでてあげると、より安心します

5 かくれよ ばー

かくれよ ばー

●解説
　一瞬見えなくなった大人が再び出てくるというあそびから、大人と子どもの信頼関係を深めていけるうたです。
　このあそびをくり返すと、隠れた大人の顔が現れることを期待するようになり、現れたことへの安心やよろこび、「やっぱり出てきた」という満足感が得られるようになります。
　子どもの期待を感じとって、少し間をあけてからやさしく「ばー」と言うと再会のよろこびも大きくなります。

★もう一度くり返すときは、再会できたときのよろこびや満足感を十分味わってから行いましょう。

寝返りまでのころ
①顔を手で隠しながら ▶ⒹⓋⒹ
②物や布で顔を隠しながら

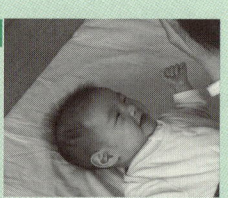

ハイハイのころ
①顔を手で隠しながら
②物や布で顔を隠しながら ▶ⒹⓋⒹ
③何かを隠しながら

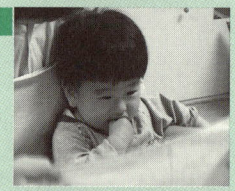

歩行、言葉のはじまり
①顔を手で隠しながら ▶ⒹⓋⒹ
②物や布で顔を隠しながら ▶ⒹⓋⒹ
③何かを隠しながら
④人形に

6 じーかいて ぽん

じーかいて ぽん

●解説

　とても短いフレーズですが、短いからこそ大切に、心を込めて唱えたいうたです。子どもは大人の指の動きを、目や皮膚で真剣に追いながら、大人の愛情を感じ取ります。
　「じーかいて」はゆっくりなめらかに、「ぽん」ははずむように、声の調子にあわせて手を動かします。
　この対照的な動きを意識することで、子どもの感性はぐんと豊かに育つことでしょう。

★はじめて会う子どもでも、この短いふれあいだけで、心を通わせることができます。

寝返りまでのころ
①体の一部にふれながら ▶DVD

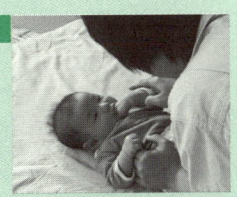

ハイハイのころ
①手や体にふれながら ▶DVD

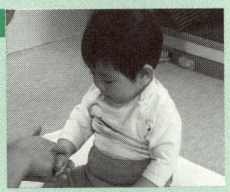

歩行、言葉のはじまり
①手や体にふれながら ▶DVD

7 たけんこが はえた

たけんこが　はえた
たけんこが　はえた
ぶらんこ　ぶらんこ　さるがえり

●解説
　子どもがタケノコのように、すくすく健やかに育つことを願い、愛情を込めてうたいます。
　子どもが力を抜いてゆれることを楽しめるように、大人はゆったりとゆらしてあげるように心掛けます。
　子どもは、ゆったりとゆれながら大人に対する信頼感を深めていくことでしょう。

★「もういっかい！」と、子どもからのリクエストが出た時も、同じテンポでくり返しを楽しみましょう。

寝返りまでのころ
①抱っこでゆらしながら ▶DVD

ハイハイのころ
①抱っこでゆらしながら
②ひざの上でゆらしながら ▶DVD

歩行、言葉のはじまり
①抱っこでゆらしながら
②ひざの上でゆらしながら
③抱えてゆらしながら ▶DVD
④おんぶしながら ▶DVD
⑤人形に

8 うえから　したから

うえから　したから
おおかぜこい　こいこいこい

● 解説

「おおかぜ」とは言っていますが、実際には激しくゆらすのではなく、布をゆったりゆらしてあげます。

子どもは目で追いながら、心地よい風を感じることができます。

最後にゆらしていた布を飛ばすと、布の行き先を目で追い、自分に布が掛かることを期待します。

★ゆらゆらとした風を感じるよう、軽めの布を使うと、うたの雰囲気がよく出ます。

寝返りまでのころ
①布などを上下にふりながら

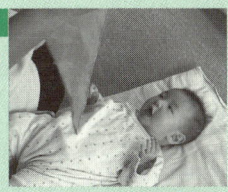

ハイハイのころ
①布などを上下にふりながら

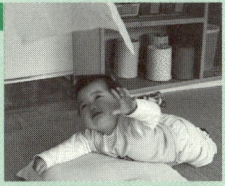

歩行、言葉のはじまり
①布などを上下にふりながら
②布をいっしょにふりながら
③人形に

9 いもむし　ごろごろ

いもむし　ごろごろ
ひょうたん　ぽっくりこ

●解説

子どもは大人のひざの上でゆれながら、そのリズムの心地よさとともに、耳から聴こえてくる言葉のおもしろさも同時に感じます。

「いもむし」や「ひょーたん」はなめらかに、「ごろごろ」や「ぽっくりこ」ははずむようにうたうと、広がりが出て子どもは満足してくり返しを楽しみます。

語るようにうたい、日本語のおもしろさを次の世代へと伝えていきたいですね。

★モノをころがす、自分が転がる、円の変化を子どもたちはとてもよろこびます。

寝返りまでのころ

①体をゆらしながら ▶DVD
②抱っこしながら
③物を転がして見せながら

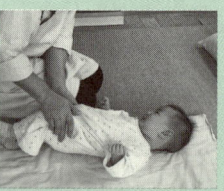

ハイハイのころ

①体をゆらしながら
②抱っこしながら
③物を転がして見せながら
④ひざの上でゆらしながら

歩行、言葉のはじまり

②物を転がして見せながら ▶DVD
③ひざの上でゆらしながら ▶DVD
④体をゴロゴロ転がして

あずきちょ　まめちょ

あずきちょ　まめちょ
やかんの　つぶれっちょ

● 解説

　語呂合わせに耳を傾け、「ちょ」の部分を大人に合わせて口ずさむようになります。
　うたの最後を締めくくる言葉が言えるだけでも、子どもは一曲まるごとうたったのと同じくらいの達成感があります。
　次の時もうたってみようという気持ちになり、くり返しを要求するのです。

★「ちょ」のところを軽い調子で唱えると、より小さな小豆を想像しやすくなります。

寝返りまでのころ
①お手玉などを落としながら ▶DVD

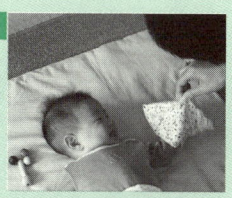

ハイハイのころ
①お手玉などを落としながら ▶DVD

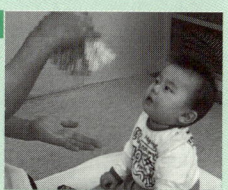

歩行、言葉のはじまり
①お手玉などを落としながら ▶DVD
②体でリズムをとりながら ▶DVD
③人形に ▶DVD

11 でこちゃん はなちゃん

でこちゃん　はなちゃん
きしゃ　ぽっぽ

●解説

「あなたが大好きよ」「なんて愛しいのでしょう」と思いを込めながら顔に触れていきましょう。

子どもも大人の手のぬくもりとともに、愛情をいっぱい感じ取り、心が満たされた状態になります。

何度もやって欲しいと思うようになります。

子どもの反応を確認しながら、それに応えるように肌と肌のふれあいを楽しみましょう。

★顔はとても敏感な場所です。やさしく、丁寧にふれていきましょう。反対の手を子どもの体に触れながらうたうと子どもは安心します。

寝返りまでのころ
①顔にふれながら ▶DVD

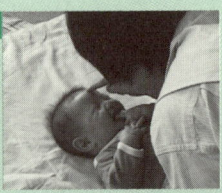

ハイハイのころ
①顔にふれながら ▶DVD

歩行、言葉のはじまり
①顔にふれながら

12 おらうちの

おらうちの　どてかぼちゃ
ひにやけて　くわれない

●解説

「おらうちのどてかぼちゃ」とは自分の子どものことを言い、そのわが子を悪く言うような内容のうたですが、本当はこのうたには言葉とは逆の意味があり、「たとえ他の人がわが子を悪く思っても自分はわが子を愛してやまない」という親の愛情が込められたうたです。

わらべうたには、このように、言葉の裏に深い意味が隠されている場合もあります。

★抱っこして歩いている時も、手をつないで歩いている時も、思わず口ずさんでしまう、ゆったりとしたうたです。

寝返りまでのころ
①抱っこでゆらしながら ▶DVD

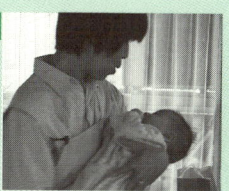

ハイハイのころ
①抱っこでゆらしながら
②ひざの上でゆらしながら ▶DVD

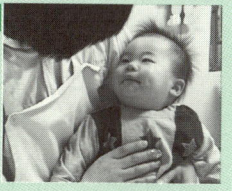

歩行、言葉のはじまり
①抱っこでゆらしながら
②ひざの上でゆらしながら
③抱えてゆらしながら ▶DVD
④おんぶしながら ▶DVD

13 どっちん かっちん

どっちん　かっちん　かじやのこ
はだかで　とびだす　ふろやのこ

●解説

　子どもは大人のひざの上でゆれながら、うたの拍を体に刻んでいきます。
　拍を感じ取った子どもは、自分でも手や物でリズム打ちすることを楽しめるようになります。
　大人が意識して口を動かすと、子どもも口の周りの筋肉をいっぱい使って大人の真似をするようになります。
　いつも口が開いていてよだれが多い赤ちゃんにも、あそびの中で口真似をいっぱいさせてあげて、口の周りの筋肉を鍛えてあげましょう。

★特に小さい子どもの場合、手を振るなどリズムを打つときには、子どもの視覚の範囲におさまるような配慮が必要です。

寝返りまでのころ
①手でリズムをとりながら
②物でリズムをとりながら ▶DVD

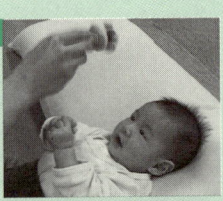

ハイハイのころ
①手でリズムをとりながら
②物でリズムをとりながら
③ひざの上でゆらしながら ▶DVD

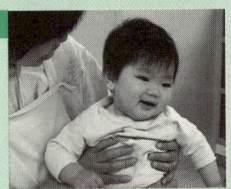

歩行、言葉のはじまり
①手でリズムをとりながら ▶DVD
②物でリズムをとりながら ▶DVD
③ひざの上でゆらしながら

14 ちょうちょ ちょうちょ

ちょうちょ　ちょうちょ　おりておいで
　おまえの　とうさんが　おんぶする
　おまえの　かあさんが　だっこする

●解説

子どもは大人の優しいまなざしの奥に、ちょうちょになった自分の姿を見出し、大好きなおんぶや抱っこをしてもらう時の満ち足りた瞬間を思い出します。

大人は、「安心してあなたの道を進んでごらん。私たちはいつでもあなたのことを受けとめるから大丈夫」と、子どもに勇気を与える存在なのです。

★子どものころに聴いたこのようなあたたかいフレーズは、きっと大きくなってからも心の拠り所になっていくのではないでしょうか。

寝返りまでのころ
①布などをふりながら

ハイハイのころ
①布などをふりながら
②聴いて楽しむ

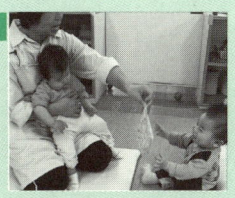

歩行、言葉のはじまり
①布などをふりながら
②聴いて楽しむ

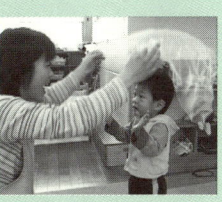

えんやら もものき

えんやら　もものき
ももがなったら　だれにやろう
○○ちゃんに　あげよか
○○ちゃんに　あげよか
だれに　あげよか

●解説

大人の目をじっと見ながら「この桃は、いつもらえるのかな？」と想像を膨らませます。

○○のところに聴いている子どもの名やきょうだいなど身近な人の名を入れて、ゆったりゆらしながらうたってみましょう。

お手玉などをおいしそうな桃に見立てて、目の前でゆらしながら「だれにあげようかな？」とうたってみても楽しいでしょう。

★子どもは自分の名前が呼ばれるのを、わくわくしながら待つようになります。

寝返りまでのころ
①抱っこでゆらしながら▶DVD

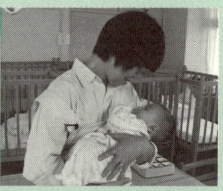

ハイハイのころ
①抱っこでゆらしながら
②ひざの上でゆらしながら▶DVD

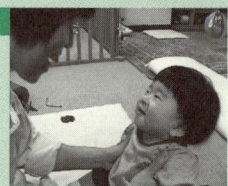

歩行、言葉のはじまり
①抱っこでゆらしながら
②ひざの上でゆらしながら
③手をとりあって
④人形に▶DVD

16 たんぽぽ　たんぽぽ

P.117

たんぽぽ　たんぽぽ
むこうやまへ　とんでけ

●解説

　たんぽぽの綿毛がのびのびと遠くへとんで行く情景は、まるでたくさんの可能性を持って未来に向かって行く子どもの姿を見ているようですね。

　春のよろこびをうたにのせて、目の前にいる子どもが健やかに成長し、広い世界に向かって元気に歩んでいくことを願って、愛情込めてうたいましょう。

　大人がこのようなうたを丁寧にうたうことで、子どもはきっと自信を持って前に進んで行けることでしょう。

★背骨がしっかりしたころには、自分自身をたんぽぽの綿毛に見立てて、遠くにとばしてもらうあそびをよろこびます。

寝返りまでのころ
①聴いて楽しむ
②布などを見立てながら ▶DVD

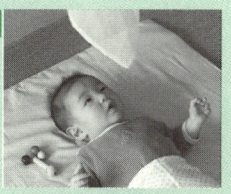

ハイハイのころ
①聴いて楽しむ
②布などを見立てながら ▶DVD

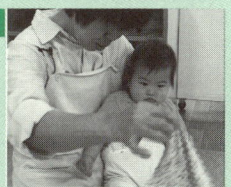

歩行、言葉のはじまり
①聴いて楽しむ
②布などを見立てながら
③抱えてゆらしながら ▶DVD

17 じー じー ばー

じー　じー　ばー
ちりんぽろんと　とんでった

● 解説

　すずめを真似たうたです。
　子どもは、大人の表情や口の動きをじっと見つめながら、耳を傾けます。
　とても短いフレーズなので、子どももすぐに覚えて大人の真似をするようになります。
　特に、「ばー」は発音しやすい音なので、小さな子もよろこんで口にすることができます。
　すずめが鳴いている様子をイメージし、高い声で唱えてみましょう。

★ 最後に「ちりんぽろんと　とんでった」と唱え、子どもの手や布を飛ばして、すずめが大空にとびたつ場面を加えることができます。

寝返りまでのころ
①布などをゆらしながら ▶DVD

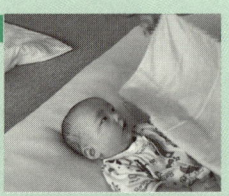

ハイハイのころ
①布などをゆらしながら ▶DVD

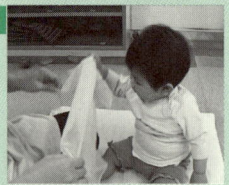

歩行、言葉のはじまり
①布などをゆらしながら
②手にふれながら ▶DVD

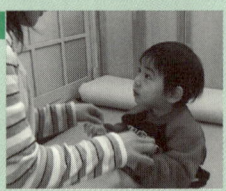

18 どんぶかっか

どんぶかっか　すっかっか
あったまって　あがれ
かわらの　どじょうが
こがいを　うんで
あずきか　まめか
つづらのこ　つづらのこ

●解説

このうたは、お風呂の湯に浸かって体を温める時にうたわれてきました。

子どもにとって、じっとお風呂に浸かっていることは我慢のいることです。しかし、一定の長さのうたを大人と一緒にうたうことで、退屈することなく温まることができます。

このように、子育ての知恵が込められたわらべうたを、生活に大いに取り入れて行きましょう。

★お風呂だけでなく、普段のゆれるあそびとしても、心をあっためてくれるうたです。

寝返りまでのころ
①抱っこでゆらしながら ▶DVD
②お風呂であたたまりながら

ハイハイのころ
①抱っこでゆらしながら ▶DVD
②お風呂であたたまりながら
③ひざの上でゆらしながら

歩行、言葉のはじまり
①抱っこでゆらしながら
②お風呂であたたまりながら
③ひざの上でゆらしながら ▶DVD

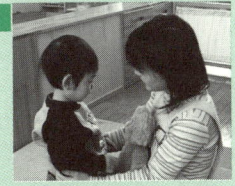

⑲ ちゅっちゅ こっこ

　　ちゅっちゅ　こっこ　とまれ
　　　とまらにゃ　とんでけ

●解説
　大人の口の動きを確認しながら、自分でも口を前に尖らせて「ちゅっちゅ」や「こっこ」を口ずさもうとします。
　子どもの懸命な姿に応え、大人も目配せして「そうそう、それでいいのだよ」と子どもを励ますような表情で返します。
　すると子どもは自信を持ってわらべうたの世界を満喫することができます。

★「とまらにゃ」の後に少し間を持たせると、最後の「とんでけ」がより映えます。

寝返りまでのころ
①布などをゆらしながら ▶DVD

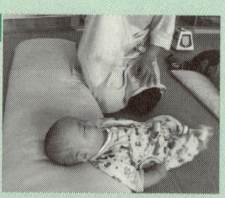

ハイハイのころ
①布などをゆらしながら ▶DVD

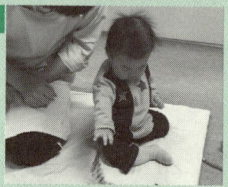

歩行、言葉のはじまり
①布などをゆらしながら
②手にふれながら ▶DVD

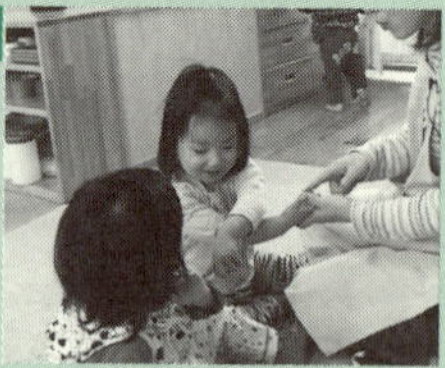

20 こねまぬ　なくか

P.118

こねまぬ　なくか
あんまん　なきどぅすぃ
こねまぬ　ばろた
あんまん　ばらいどぅすぃ
ほーい　ほいやら　よー

●解説

日本には、地方ごとにたくさんのこもりうたがあります。
自分に馴染みのある地域のうたをうたうのもよいですね。
どのうたにも、それぞれに子どもを思う気持ちや子守りをする人自身の思い、故郷への哀愁などが美しいメロディの中に織り込まれています。
多くの人によってうたい継がれてきたこもりうたをうたうと、きっと昔の人たちに子育てを応援してもらっているような心強い気持ちになることでしょう。

★「坊やが泣けば、私も泣くのよ。坊やが笑えば、私も笑うのよ」という意味でうたわれる沖縄のこもりうたです。

寝返りまでのころ
①こもりうた ▶DVD

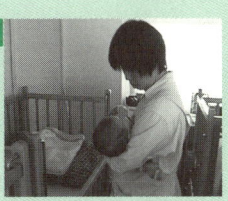

ハイハイのころ
①こもりうた

歩行、言葉のはじまり
①こもりうた
②人形をねかせながら

21 ねんねん ねやまの

ねんねん　ねやまの　こめやまち
こめやの　よこちょを　とおるとき
ちゅーちゅー　ねずみが　ないていた
なんの　ようかと　きいたらば
だいこくさまの　おつかいに
ねんね　したこの　おつかいに
ぼうやも　はやく　ねんねしな
だいこくさまへ　まいります

● 解説

　抱っこやおんぶ、またそばで見守る時にうたうと、寝かせつける大人自身も気持ちを落ち着かせることができます。
　それが子どもの安心にもつながり、心地よい眠りとなっていくのです。
　ゆったりと子どもの心音に合わせて、背中や胸などをやさしくたたいてあげると、お母さんのおなかの中にいた時のような、安らぎを感じて眠りにつけます。

★ 大きくなると、人形など自分以外の存在にうたうようになります。子どもは自分がしてもらってうれしいことは、他者にもしてあげたいのです。

寝返りまでのころ
① こもりうた

ハイハイのころ
① こもりうた

歩行、言葉のはじまり
① こもりうた ▶DVD
② 人形をねかせながら ▶DVD

22 かぜふくな

P.118

かぜふくな　かぜふくな
やねのした　かぜふくな

●解説

さわやかな春風や木枯らしのような強い風など、風といってもその時々に吹く風はどれも違った顔をしています。
わらべうたを通して自然についての認識を深め、生活のさまざまな場面での自然の変化に気づけるような豊かな感性が育ちます。

寝返りまでのころ
①聴いて楽しむ

ハイハイのころ
①聴いて楽しむ
②布などをゆらしながら

歩行、言葉のはじまり
①聴いて楽しむ ▶DVD
②布などをゆらしながら

★布をゆらしてうたうと、子どもは風の動きをじっと見つめながら大人の声に耳を傾けます。

いまないたからすが

いまないた　からすが
もうわらった

●解説

　子どもにとって、泣くことと笑うことはどちらも自分の気持ちを伝えるための大事な表現です。
　大人は、「笑っても泣いてもあなたが好きよ」と、ありのままの子どもを受けとめながら、そして、その時々の気持ちによりそうことが大切なのでしょう。
　うたの最後に「もうわらった」と笑顔になることで、「やっぱり気持ちよく笑えるってすばらしい」ということも共感できますね。

★こうした日頃から親しみのあるうたがあると、子どもたちは気持ちの切り替えを素直に受け入れるようになります。

寝返りまでのころ
①見て楽しむ

ハイハイのころ
①見て楽しむ
②布などをゆらしながら

歩行、言葉のはじまり
①見て楽しむ ▶DVD
②大人といっしょに ▶DVD

24 あいにさらさら

あいにさらさら　こがねにさらさら
いだいところは　ぴんぽんぱちんと
むかいの　おやまさ　とんでけ　ふー

●解説

子どもが転んで、どこかにぶつけた時などになぐさめてあげるうたです。
まずは「いたかったね、よしよし」と子どもの気持ちによりそう言葉をかけてからうたってあげましょう。
後半では、山の向こうに痛さを吹き飛ばしてしまうので、子どもは本当に飛んでいったという気がして泣き止むことができます。
気持ちの切り換えを手伝うわらべうたの力はとても大きなものですね。

★大人の愛情が薬となって、子どもは痛みを忘れてしまいます。心を込めてうたいましょう。

寝返りまでのころ
①痛いところをさすりながら

ハイハイのころ
①痛いところをさすりながら ▶DVD

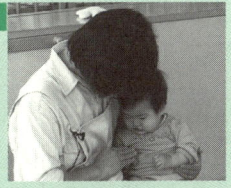

歩行、言葉のはじまり
①痛いところをさすりながら ▶DVD
②大人といっしょに

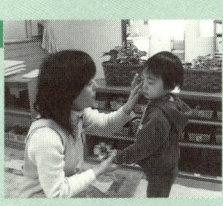

25 さよなら あんころもち

さよなら　あんころもち　またきなこ

● 解説

　お出かけの時や、人を見送る時などに交わす「さよなら」のうたです。
　ごっこあそびができるようになると、仲間とのお別れや、大人に見送られる場面などでもよく登場します。「また会おうね」と明るくうたって、次の場面に気持ちよく向かえるようになると、後追いの強い子どもでも、気持ちの切り換えが上手にできます。また、大人自身の気持ちも切りかえやすくなり、子どもとの別れに際してのやりとりが上手になっていくでしょう。

★毎朝、お出かけ前の挨拶とともにうたう時は、「今日も一日楽しくすごそうね」という思いを込めてうたいましょう。

寝返りまでのころ
①見て楽しむ

ハイハイのころ
①見て楽しむ
②いっしょにやる

歩行、言葉のはじまり
②いっしょにやる ▶ DVD

26 ほたるこい

ほたるこい　やまみちこい
あんどのひかりを　ちょいとみてこい

●解説

暑い夏の夜空に蛍が光を放って舞う情景を想像しながらうたいましょう。

軽快でありながら一言ずつ丁寧に発し、「ちょいとみてこい」では蛍がびっくりして遠くへ逃げないように、そっとささやくようにうたいましょう。

大人がゆらした布を見ながら、うたの拍を感じ取ると、次第に自分でも布を手にして、大人と一緒にゆらすようになります。

★このうたをくちずさみながら、田のあぜ道を歩いてほたる探し。すばらしい夏のひと時となるでしょう。

寝返りまでのころ
①聴いて楽しむ
②布をゆらしながら

ハイハイのころ
①聴いて楽しむ
②布をゆらしながら

歩行、言葉のはじまり
①聴いて楽しむ
②布をゆらしながら
③歩きながら

27 たこたこ あがれ

P.119

たこたこ　あがれ
てんまで　あがれ

●解説

　凧がのびやかに空高く昇っていく情景を、子どもの成長に重ね合わせているうたです。
　決して裕福ではないけれど、体だけは健やかで、誰にもひけをとることなく育って欲しいという、昔の人々の願いが込められたうたです。
　裕福になった現代となっても、子どもの健やかな成長を願う気持ちは同じですよね。

★凧に見立てた手や布を目で追っていく子どもの姿を見守りながら、愛情込めてゆったりうたいましょう。

寝返りまでのころ
①見て楽しむ

ハイハイのころ
①見て楽しむ
②いっしょにやる

歩行、言葉のはじまり
①見て楽しむ
②いっしょにやる ▶DVD

28 まめっちょ

P.119

まめっちょ　まめっちょ
いったまめ　ぼりぼり
いんねまめ　なまぐせ
すずめらも　まわっから
おれらも　まわりましょ

●解説

豆になりきって、跳んだり回ったりしながら鍋で炒られるうたですが、小さなころは大人のうたに耳を傾け言葉のおもしろさを味わうだけでも楽しめます。

畑の肉といわれる大豆など、豆類は大事な栄養源です。

「まめまめしく働く誠実な人に育つように」と子どもの健やかな育ちを願ってうたいましょう。

寝返りまでのころ
①聴いて楽しむ

ハイハイのころ
①聴いて楽しむ

歩行、言葉のはじまり
①聴いて楽しむ
②道具などを見立てながら ▶DVD

★大きくなると、門くぐりなど、子ども同士のうたあそびとなります。

29 うまはとしとし

P.119

うまは　としとし
ないても　つよい
うまは　つよいから
のりてさんも　つよい
としとし

● 解説

　子どもは、大人のひざの上ではずむことが大好きです。
　本当に馬の上で跳びはねているような気持ちになるのでしょう。
　少し慣れてくると、子どもの方からリズムを取ってはずむようにもなります。
　子どものリズム感の良さにびっくりすることもありますが、それは大人がくり返し同じテンポでうたってきたことの現れでもあるので、大人も自信を持ってうたっていきましょう。

ハイハイのころ
①ひざの上ではずみながら ▶DVD

歩行、言葉のはじまり
①ひざの上ではずみながら ▶DVD
②物の上ではずみながら ▶DVD
③おんぶで ▶DVD

★日常、子どもがひざの上にのるということはたくさんあります。「のりてさん」を子どもの名前にして、たくさんうたってあげましょう。

30 ぼうず　ぼうず

ぼうず　ぼうず
かわいときゃ　かわいけど
にくいときゃ　ぺしょん

●解説

　「にくいときゃ　ぺしょん」と頭を押さえられながらも、子どもは大人の茶目っ気ある愛情表現をしっかりと感じとり、「ぺしょん」とされながらも幸せな気持ちで満たされます。
　このようなうたに親しんだ子どもは、大人から受けた愛情を励みにあこがれの自分をめざして進めるようになります。

ハイハイのころ
①頭や体をなでながら ▶DVD

歩行、言葉のはじまり
①頭や体をなでながら ▶DVD
②人形に

★頭で十分あそんだ後は、お腹やほっぺ、肩やひざなどでも楽しみましょう。

31 あし あし あひる

あし あし あひる
かかとを ねらえ

● 解説

「ゆっくりゆっくり進んでいいよ」と子どもの気持ちを落ち着かせることができる、ゆったりとしたうたです。
　子どもが歩けるようになったことをよろこびつつも、急がせることなく、ゆっくりでもいいから、足をしっかり地につけて歩けるようにと見守る気持ちでうたいましょう。

ハイハイのころ
①ハイハイの促し
②歩行の促し

歩行、言葉のはじまり
①歩きのリズムをとりながら
②大人の足先にのりながら ▶DVD

★歩行がしっかりして、手を取り合って歩く時には、大人がリードするのではなく、子どものテンポに合わせて歩きましょう。

32 つーながれ

P.120

つーながれ　つーながれ
へびごっこ　するもの
つーながれ

●解説

　物と物とのつながり、人と人とのつながり、人と自然とのつながり、子どものまわりにはたくさんの"つながり"があります。
　子どもはたくさんの関わりのなかで大きくなっていきます。
　「個」を保障しようとする今の時代だからこそ、私たち大人は、人と人との強い絆がどんなに人生を豊かにしてくれるかということを、子どもに伝えていく必要があります。

ハイハイのころ
①ハイハイを促しながら

歩行、言葉のはじまり
②つなげながら、並べながら

★「手を取り合って生きて行こう」と、同じ時代を生きる同志として、心を込めてうたいましょう。

33 もみすり おかた

　　　もみすり　おかた
　　もみがなけりゃ　かしましょ
　　　もみゃまだ　ござる
　　うすにさんじょ　みにさんじょ
　　すって　すって　すりこかせ

●解説
　石臼で籾殻を取り除いて玄米にするときのうたです。
　元気の源である米が炊かれた状態で食卓に並ぶまでには、こうした人の働きがあるということを、子どもはあそびの中で知り、ご飯もおいしく食べられるようになります。

★足を広げて座り、ボールを前後に転がしながらうたうと、背筋や腹筋もたっぷり使って体を伸ばすことができます。

ハイハイのころ
①ひざの上で船こぎしながら
②ボールなどを転がしながら

歩行、言葉のはじまり
①ひざの上で船こぎしながら ▶DVD
②ボールなどを転がしながら
③見立てながら ▶DVD

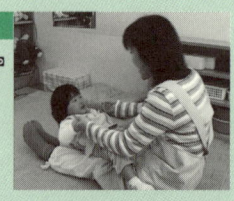

34 ぎっちょ ぎっちょ

ぎっちょ　ぎっちょ
こめつけ　ぎっちょ

●解説

餅つきのしぐさを手や道具で真似るあそびです。

一歳の誕生日に背負う一升餅や、端午の節句の柏餅、桃の節句の菱餅など、昔から餅はめでたい品として考えられ、成長の節目や節句を祝う晴れの日にはいつも餅がつかれていました。

「餅のように粘りのある力強い子に育ってほしい」という大人の願いが込められたうたです。

ひと打ちひと打ち心を込め、力強い餅をつきましょう。

★特に小さい子どもの場合、手を振るなどリズムを打つときには、子どもの視覚の範囲におさまるような配慮が必要です。

ハイハイのころ
①手でリズムをとりながら ▶DVD
②道具でリズムをとりながら ▶DVD

歩行、言葉のはじまり
①手でリズムをとりながら
②道具でリズムをとりながら ▶DVD

35 かご かご

かごかご　じゅうろくもん
えどから　きょうまで　さんもんめ
ふかいかわへ　はめよか
あさいかわへ　はめよか
やっぱりふかいかわへ　どぶーん
（あさいかわへ　じゃぼじゃぼじゃぼ）

●解説

　少し長いうたですが、普段からわらべうたに親しんでいる子は、「これから先はどうなるのかな？」と想像しながら大人の声に耳を傾けて楽しめます。
　浅い川にはめられるのか、深い川にはめられるのか、その都度違う終わり方をするので、子どもは「今度はどっちの川にはいるのだろう？」とわくわくしながらうたに参加します。

ハイハイのころ
①布などをふりながら
②抱っこでゆらしながら

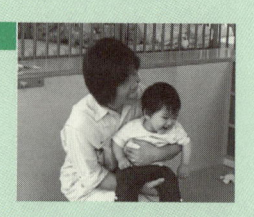

歩行、言葉のはじまり
①布などをふりながら
②抱っこでゆらしながら
③手をとりあって
④人形に

★浅い川の時と深い川の時の、違いをしっかりつけるようにしましょう。

36 ほっぺの　もっちゃ

P.120

ほっぺの　もっちゃ
やっこいもち　ちょんちょんちょん
まるでちょん　もひとつちょん
おまけに　ちょん

●解説

　子どものほっぺは大人が羨ましいほどやわらかく気持ちのよいものですね。
　そのほっぺに触れているだけでこちらもほっとし、満たされるほどです。
　「わー、やわらかい」「かわいいね」という気持ちを込めてうたいます。
　大人がやさしく微笑んでほっぺに触れると、子どもも心地よさを感じ、ほんわかした気持ちになります。

ハイハイのころ
①顔にふれながら ▶DVD

歩行、言葉のはじまり
①顔にふれながら ▶DVD
②人形に

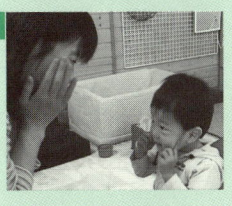

★「ちょん」とほっぺをつつく箇所が何度か出てきますが、その都度丁寧に触れていきましょう。

37 こりゃ どこの

P.121

こりゃ　どこの　じぞうさん
うみの　はたの　じぞうさん
うみに　つけて　どぼーん

● 解説

　沐浴や水あそびなど、湯水に親しむことの多い暑い季節にうたいます。
　大人に抱かれて、体の力を抜いて身をゆだね、振り子のようにゆれることを子どもは楽しみます。
　最後の「どぼーん」では、赤ちゃんにはそっと、体がしっかりしてきた子どもにははずみをつけて下ろしてあげると、それぞれの子に合った満足感が得られます。

ハイハイのころ
①抱っこでゆらしながら
②ひざの上でゆらしながら ▶DVD

歩行、言葉のはじまり
①抱っこでゆらしながら ▶DVD
②ひざの上でゆらしながら
③抱えてゆらしながら ▶DVD
④人形に ▶DVD

★くり返しうたうときも、はやさをかえずにゆっくりゆらしましょう。

38 ももや ももや

P.121

ももや　ももや
ながれは　はやい
せんたく　すれば
きものが　ぬれる
あ　どっこい　しょ

● 解説

　洗濯のしぐさあそびのうたです。
　ごしごし布をこすったり、揉んだり、ひらひらと洗濯物を広げたり、というようにたくさんの動作のバリエーションを楽しむことができます。
　ボールを前後に動かすことを取り入れることで、子どもの体も前後に動き、なめらかな動きの中で運動あそびとしての要素を楽しめます。

ハイハイのころ
①ボールなどを転がしながら

歩行、言葉のはじまり
①ボールなどを転がしながら
②ひざの上でふねこぎしながら
③洗濯ごっこをしながら

★「あ　どっこい　しょ」は、いかにも頑張ったという感じで、ためながらうたうと雰囲気が伝わります。

39 かれっこ やいて

P.121

　　かれっこ　やいて
　　とっくらきゃして　やいて
　　しょうゆ　つけて
　　たべたら　うまかろう

●解説
　魚のカレイを焼いて食べるまでのうたです。
　大人が丁寧に焼き上げていくと、子どももまるで本物を食べるように豊かな表情をしてカレイを味わうようになります。
　このような疑似体験を楽しむわらべうたは、子どもの想像力や表現力を育てます。さらには、出会ったものに対して、自然と丁寧に関わろうとする意識が生まれていきます。

★魚嫌いの子どもが増える今だからこそ、こうしたあそびは大切にしたいものです。

ハイハイのころ
①手を見立てながら

歩行、言葉のはじまり
①手を見立てながら ▶DVD
②道具を見立てながら ▶DVD

40 なべなべ

なべなべ　そこぬけ
そこが　ぬけたら　かえりましょう

●解説

　息を合わせて左右にゆれるという単純な動作のくり返しのうたですが、子どもは大人の表情や口の開き方、体の動かし方などを細かく観察して自分の動きにしていきます。
　言葉でのやりとりが上手にできるようになった子には、手で見立てた鍋で何を煮るか、子どもに決めてもらってイメージを共有するなどすれば、うたい終わった後で一緒に食べるというあそびもできます。

★料理の際には鍋はかかせません。こうした日常の道具をうたにすることで、子どもも生活を実感することができます。

ハイハイのころ
①座って手をとりあって

歩行、言葉のはじまり
①座って手をとりあって
②立って手をとりあって ●DVD
③人形に ●DVD

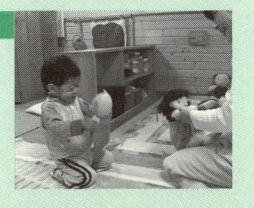

41 ちょち ちょち あわわ

ちょちちょち　あわわ
かいぐり　かいぐり　とっとのめ
おつむてんてん　はらぽんぽん

●解説

　大人のしぐさを真似て「あわわ」の時などは本当にあくびをしているように表情豊かに演じます。

　小さな子どもは体に対する頭の比率が大きく、両手は何とか頭の上に触れるくらいですが、少し大きくなると体の成長が進み、両手でしっかり頭を押さえられるようになります。

　「手がとどくようになったね」とか「ぐるぐるできるようになったね」など、一つのうたを長い成長の中で親しむことで、それぞれの発育段階を確認することができます。

★小さな子とあそぶときは、大人の膝の上に座らせ、大人が子どもの手をとって手を動かしてあげるとよいでしょう。

ハイハイのころ
①見て楽しむ ▶DVD
②いっしょにやる

歩行、言葉のはじまり
①見て楽しむ
②いっしょにやる ▶DVD

42 こめついたら

こめついたら　はなそう
はなした

●解説
　元々は、子どもの手の甲を大人がつまんで餅をつく真似をするというあそびですが、チェーンなどを穴が開いた容器などに落とし入れるあそびでうたうことも、子どもたちは大好きです。
　慣れてくると、拍に合わせて上下に振り、最後の「はなした」の「た」に合わせて容器の中に落とせるようになります。
　容器に落とすまでの集中力と落とせた後の達成感とがバランスよく味わえるあそびです。

ハイハイのころ
①入れたり出したりしながら

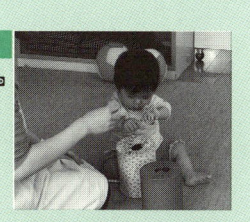

歩行、言葉のはじまり
①入れたり出したりしながら
②手の甲をつまんで振り、最後にはなして下から受けとめる

★最初のころのリズムにあわない落としあそびも、子どもがリズムを体得するにつれ、ぴったりの間で落とせるようになります。

43 じごく　ごくらく

じごく　ごくらく
えんまさんの　まえで
おきょうを　よんで
はりの　やまへ　とんでけ

●解説

　大人に抱かれてゆれることそのものを楽しむうたです。
　今とちがい、昔は生活の中で地獄や極楽のことを聞く機会も多く、子どももあそびの中で信仰的な考え方を知りました。
　「えん魔さまはいつでも私たちの行いを見ているのだから、いつもよいことをするように心がけるのだよ」とうたを通して人の道を教えていたのでしょう。

ハイハイのころ
①抱っこでゆらしながら
②ひざの上でゆらしながら

歩行、言葉のはじまり
①抱っこでゆらしながら ▶ⓔDVD
②ひざの上でゆらしながら ▶ⓔDVD
③抱えてゆらしながら
④人形に

★体がしっかりしてきた子どもには、後ろで横向きに抱えてうたうと、視界が変わっておもしろいようです。

44 だるまさん

だるまさん　だるまさん
にらめっこ　しましょ
わらうと　まけよ
あっぷっぷ

●解説

　大人が真剣にほっぺを膨らませようとすると、子どもも大人を真似てほっぺをいっぱいに膨らませようとします。

　「わらうとまけよ」と言いつつも、実際にはお互いに笑ってしまうものですが、「あっぷっぷ」をした時の緊張感と笑った時にはじける開放感とがバランスよく味わえるうたです。

　このようなあそびによって、顔全体の筋肉も育て、子どもの表情はより豊かになっていきます。

ハイハイのころ
①見て楽しむ
②いっしょにやる

歩行、言葉のはじまり
②いっしょにやる→ DVD

★にらめっこあそびでは、相手の目をみることが大切です。相手の目をみることは心の育ちに大きく影響します。

45 くまさん　くまさん

くまさん　くまさん　まわれみぎ
くまさん　くまさん　りょうてをついて
くまさん　くまさん　かたあしあげて
くまさん　くまさん　さようなら

●解説

　元々は縄とびの時にうたわれてきました。
　「さあ、あなたの周りの美しい世界を見てごらん。地に足をつけ、仲間と手を取り合い、胸を張って広い世界を歩いていくのだよ」と、これから未来に向かって羽ばたく子どもへエールを贈る気持ちで、一言ずつ丁寧にうたっていきましょう。

ハイハイのころ
①見て楽しむ

歩行、言葉のはじまり
①見て楽しむ
②いっしょにやる ▶DVD

★大人も胸を張って、めりはりのある動きを見せましょう。

46 おじいさん　おばあさん

P.122

おじいさん　おばあさん
なにくって　かがんだ
えびくって　かがんだ

●解説
　両手を後ろに組み、背中を丸めておじいさんやおばあさんになりきって歩きまわります。
　このうたは「おじいさんおばあさんは、私たちがまだ知らない大事なことをいっぱい知っている尊い人たちだから、おじいさんたちを大切にして、生きるヒントをしっかり教わるのだよ」と、年上の人を敬う心を持つように伝えてくれるのです。

ハイハイのころ
①聴いて楽しむ

歩行、言葉のはじまり
②いっしょにやる ▶DVD

★大きくなれば、子ども同士で円をつくって、鬼を交代していくあそびになっていきます。

47 どのこがよいこ

どのこが　よいこ
このこが　よいこ

●解説
　「よいこ」という言葉を聴いただけで、子どもは褒められたことを心からよろこびます。
　わらべうたでは、いろいろな言葉に置き換えて子どもへの愛情や励ましの気持ちを伝えているものが多くありますが、このうたでは直接的な言葉で伝えるので、大人は口先だけで言うのではなく、愛しいと思う気持ちを十分込めながら唱えていきましょう。

ハイハイのころ
①人や物を選びながら

歩行、言葉のはじまり
①人や物を選びながら ▶DVD

★きょうだいやお友だちなど、「誰にしようか」といった鬼決めの場面でうたえます。

48
めん めん すー すー

めん めん すー すー
けむしに きくらげ ちゅ

●解説

言葉あそびで確認しながら顔の各部分を触れていきます。

やさしく触れていくと、子どもは触れられる感触を心地よく感じ、しだいに表情はやわらかくなっていきます。

子どもが言葉と手の置かれた場所とを確認できるよう、ゆっくりとすすめていきましょう。

ハイハイのころ
①顔にふれながら

歩行、言葉のはじまり
①顔にふれながら ▶ DVD

★顔を適度に刺激することは、顔の筋肉を育てることにつながり、脳の働きも良くするといわれています。

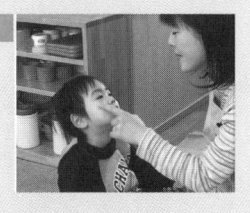

49 おすわりやす

P.123

おすわりやす　いすどっせ
あんまりのったら　こけまっせ

● 解説

大人のひざの上に子どもがすわり、たてにゆらしてうたいます。
お座りが上手にできるようになった子には、最後の「こけまっせ」のところで大人の足と足の間にストンと落としてあげます。
勢いよく落とすのではなく「落ちるのかな？」という期待に応えるようにやさしく落とすだけで、子どもは大人の中にすっぽり落ちたことに満足します。

ハイハイのころ
①ひざの上でゆらしながら

歩行、言葉のはじまり
①ひざの上でゆらしながら ▶@DVD
②人形に

★鼓動に合わせてリズムをとることで、子どもは安心してはずむことができます。

50 あたまさま　まいた

あたまさま　まいた
まつばら　こえて
めいしゃに　よって
はないっぽん　ぬすんで
ほうぼうで　しかられて
くちおしいことだ
おへそが　ちゃわかす

●解説
　子どものやんちゃ芝居を見ているような気分になるうたです。
　顔あそびでありながら、最後にはおへそにも触れます。子どもは、初めはその意外性に驚きますが、次からやってもらう時にはおへそを触ってもらうことを楽しむようになります。
　「くちおしいことだ」の後に、少し間を置いてからおへそに触れるようにすると、子どもの期待はもっと膨らみます。

★顔の部位の名前をうまくとらえた楽しいうたです。言葉の理解がすすむにつれて、このあそびのおもしろさが伝わっていくでしょう。

ハイハイのころ
①頭から顔にふれながら

歩行、言葉のはじまり
①頭から顔にふれながら ▶DVD

51 いっすんぼうし

いっすんぼうし　こちょぐちょ
　たたいて　さすって
　つまんで　おわり

●解説
　一通りの刺激を行うあそびですが、短いうたなので「おわり」と静かに完結すると、すぐに「もういっかい」のリクエストが出ることが多くあります。
　リクエストが出たときには、満足感を共有した後で、同じようにくり返します。
　子どもは一つずつの動作に興味があるので、わかりやすく少し大きめに手を動かすとそれぞれの違いが明確になります。

ハイハイのころ
①手にふれながら

歩行、言葉のはじまり
①手にふれながら ▶DVD

★こうした手を刺激するうたは、足の裏などでも楽しむことができます。

52 おでんでんぐるま

P.123

おでんでんぐるまに　かねはちのせて
いまにおちるか　まっさかさんよ
もひとつおまけに　すととーんしょ

● 解説
　「おでんでんぐるまに」という言葉の響きを耳にしたとたんに子どもの目は輝き、このうたへの興味がぐっと高まります。
　「かねはちのせて」の部分を「○○ちゃんのせて」と子どもの名まえに置き換えることもできます。
　躍動感あふれる言葉を聴きながら、くり返しはずんでは大人の中にすとんと納まることを楽しむようになります。

ハイハイのころ
①ひざの上ではずみながら

歩行、言葉のはじまり
①ひざの上ではずみながら ▶DVD
②人形に

★スピード感がある内容ですが、動作は丁寧に行いましょう。

53 いちめどー

いちめどー　にめどー
さんめどー　しめどー

●解説

　元々は、朝なかなか起きない子どもに対して、布団の中であそばれたものです。
　目覚めの悪い子が機嫌よく起きるためであり、また、大人にとっても怒ることなく冷静な気持ちで子どもに接することができるための工夫だったのでしょう。
　少し強めに、つねるくらいの気持ちでつまんでいきます。
　「しめど」では言葉をはぎれよく言うと同時に、気持ちよくお尻をたたきます。

★大人が構えたあたりから、子どもはどんなあそびがはじまるのかわかります。前後の間も含めて、コミュニケーションを楽しみましょう。

ハイハイのころ
①足から尻に順につまんで
②首筋から尻に順につまんで

歩行、言葉のはじまり
①足から尻に順につまんで ▶︎DVD
②首筋から尻に順につまんで

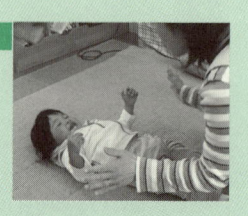

54 とうきょうと

とうきょうと　にほんばし
がりがりやまの　ぱんやさんと
つねこさんが　かいだんのぼって
こちょこちょこちょ

●解説

　子どもは次に何の動作がくるかと、予想や期待をくり返しながら大人の手の動きに集中します。
　加減はしつつも、はっきりとたたいたりつまんだりした方が子どもにはその動作の違いが明確になります。
　手の動きに合った言葉が添えられているため、言葉あそびの感覚ではぎれよく、子どもの反応を見ながら唱えていきましょう。

ハイハイのころ
①手から腕につたいながら

歩行、言葉のはじまり
①手から腕につたいながら ▶DVD

★こうした手あそびは、特別なおもちゃが必要ないものです。いろいろな場所であそぶことができます。

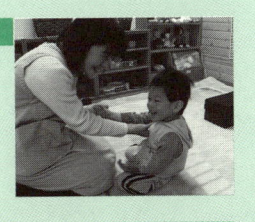

55 おにさの るすに

おにさの　るすに
まめいって　がらがら

●解説

本来は鬼ごっこで鬼をはやす時にうたわれます。
鬼は冬の象徴ですから、鬼が苦手な豆を炒り、寒い冬が早く去ってくれるようにと願いを込めてうたわれてきました。
暖かい春を待ちわびる昔の人々の心が見えるうたですね。

ハイハイのころ
①ひざの上でゆらしながら

歩行、言葉のはじまり
①ひざの上でゆらしながら
②抱えてゆらしながら
③歩きながら ▶DVD

★わらべうたは、私たちの先輩が、子育てや生活にどのような工夫をしてきたかを教えてくれる、貴重な材料なのです。

56 あかちゃん　あかちゃん

あかちゃん　あかちゃん　なぜなくの
ねえさん　ミルクを　のんじゃった
にいさん　おもちゃを　とっちゃった
かあさん　かいもの　もどらない
そこで　とうさん　ぷんぷんぷん

●解説

　小指を赤ちゃんに見立てるなど、5本の指に人格を持たせることで、無意識だった自分の手への意識が高まり、自分の身体像を認識するきっかけになります。
　指先への刺激は、眠っていた細胞が目を覚ますような気持ちよさが得られるだけではなく、脳の働きもよくすると言われています。

ハイハイのころ
①指と手を刺激しながら

歩行、言葉のはじまり
①指と手を刺激しながら ▶︎ⓒDVD

★ほどよく力を入れて、一本ずつ丁寧に刺激していきましょう。

57 どどっこ やがいん

どどっこ　やがいん
けーして　やがいん
あだまっこ　やがいん
けーして　やがいん
すりぽっこ　やがいん
けーして　やがいん

●解説

　このうたは、寒い時期、いろり端で子どもの手を温めながらうたわれてきました。
　魚に見立てた手をひっくり返しながら、頭からしっぽまで順番に焼いていきます。
　こうした手首を回転させるあそびは、子どもの成長にとってとても大きな助けとなります。
　手首が返せるようになることで、着替えや食事など生活のなかでの動きが自分でできるようになっていくからです。

★こうした子どもの発達を助けるあそびに親しみ、生活に必要な技術を習得していける環境を作っていきましょう。

ハイハイのころ
①手を見立てながら

歩行、言葉のはじまり
①手を見立てながら ▶DVD
②道具を見立てながらいっしょに

58 てっての ねずみ

てっての ねずみ
はしかい ねずみ
むぎくって わらくって
こめくって こちょこちょこちょ

●解説

ねずみに扮する大人の手の動きを、子どもの目から眺めると、とても滑稽に映ります。
その不思議な動きをするねずみが自分の腕に登ってきて脇をくすぐるのですから、楽しくて仕方がないというところでしょう。
大人がテンポを保ちながら「むぎくって」「わらくって」と言葉のフレーズを大切にしながら唱えていくと、よりワクワクした子どもの期待が大きくなります。

ハイハイのころ
①腕をつたいながら

歩行、言葉のはじまり
①腕をつたいながら ▶︎ⒹⓋⒹ

★子どもが大好きなくすぐりあそび、ねずみの動きをたくみに演じてみましょう。

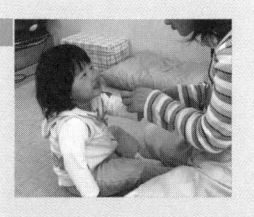

59 ぎっこん ばっこん

ぎっこん ばっこん
よいしょぶね
おきは なみ たかいぞ

●解説

　うたのなかで、子どもは、大きな波を感じながら懸命に舟を漕ぐことに参加します。

　馬や車などの乗り物と違って、ゆったりと漂う舟ですから、広い海を感じながら、のんびりと漕ぎましょう。

　肘を曲げたり伸ばしたりする動きは、子どもの緊張感をほぐし、身も心もリラックスした状態にしてくれます。

ハイハイのころ
①ひざの上で船こぎしながら ▶DVD

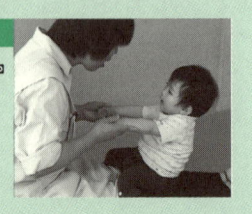

歩行、言葉のはじまり
①ひざの上で船こぎしながら
②ブランコしながら

★ゆっくり、大きく、そして丁寧に、体を前後にゆらしましょう。

60 にぎり ぱっちり

P.123

にぎり　ぱっちり
たてよこ　ひよこ
ぴよぴよぴよ

●解説

　手の中に包まれた布が、最後に「ぴよぴよ」の言葉に合わせて出てくると、中からひよこが顔を出したかのような感激を表します。
　何度やっても同じように出てくるのですが、その度に新鮮な笑顔でよろこび、「もういっかい」とリクエストしたり、自分も布を持って大人の真似をしたりするようになります。
　この「何度やっても同じ」というのが大切で、くり返しの中で子どもは期待感や達成感、大人との信頼関係を深めていくのです。

ハイハイのころ
①見て楽しむ

歩行、言葉のはじまり
②いっしょにやる ▶DVD

★ふくらみが出そうな布を用意すると、より効果的です。

61 ねずみ　ねずみ

ねずみ　ねずみ　どこいきゃ
わがすへ　ちゅっちゅく　ちゅ
ねずみ　ねずみ　どこいきゃ
わがすへ　とびこんだ
こちょこちょこちょ

● 解説

ねずみのすばしっこい動きを、再現するうたです。

くすぐりあそびは、子どもの緊張感を緩めると同時に体温を上げる効果も得られます。

体を温めることができるということを頭の片隅に入れておいて、冬の屋外など、子どもの体温が低く感じられた時、風邪をひきそうな時など、ぜひ子育ての中で役立てていきましょう。

ハイハイのころ
①腕をつたいながら

歩行、言葉のはじまり
①腕をつたいながら ▶︎DVD

★脇をめがけて、大人の手が伸びてくることを、今か今かと楽しみにしながら、手の動きを目で追います。

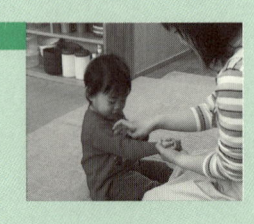

62 おちゃを のみに

P.123

おちゃを のみに きてください
はい こんにちは
いろいろ おせわに なりました
はい さようなら

●解説

「こんにちは」「さようなら」の挨拶を、うたを通して親しみます。

人との関わりの基本になる挨拶をあそびの中で知り、気持ちを込めて相手と向き合う方法を身につけていきます。

挨拶のところをうたう時は深々と頭を下げ、心を込めて子どもと挨拶を交わすようにします。

子どもも丁寧な挨拶の仕方を覚え、普段の生活でも気持ちよく挨拶ができるようになります。

ハイハイのころ
①見て楽しむ

歩行、言葉のはじまり
①見て楽しむ
②いっしょにやる ▶DVD

★ ごっこあそびが始まるころ、うたをうたいながら大人も参加してみましょう。

63 かたどん ひじどん

かたどん　ひじどん
てっくび　てのひら
ちんちょう　ちのすけ
せーたか　いしゃどん
　こぞう　こぞう

● 解説

　肩や肘に「どん」をつけて「かたどん、ひじどん」と人のように呼ぶことで、子どもは自分の体に親しみを持つようになります。
　うたを通して自分の体についての認識を深めていくのです。
　肩から指先までの長い距離を刺激していく中で、子どもの体からは徐々に力が抜けていき、リラックスして楽しむことができます。

ハイハイのころ
①腕から指を刺激しながら

歩行、言葉のはじまり
①腕から指を刺激しながら ▶DVD

★指先から体の中心にすすむあそびが多い中で、肩から指におりてくるあそびです。

64 おせんべ

おせんべ　やけたかな

●解説

手や道具をおせんべに見立ててうたいます。

子どもは想像力が豊かなので、見立てたものをひっくり返して反対側も焼いたり、焼いた後にしょう油やのりをつけて食べたり、アレンジを楽しみながら「おいしい、おいしい」と味わいます。

このようなあそびから、和やかな雰囲気のなかで、食事を美味しく食べることの大切さも知ることができます。

★香ばしいおせんべが焼けたことを大人もよろこび、子どもと一緒に味わいましょう。

ハイハイのころ
①手を見立てながら

歩行、言葉のはじまり
①手を見立てながら
②道具を見立てながら ▶DVD

65 こぞーねろ

こぞーねろ　おいしゃねろ
　せーたかねろ
おれもねるから　われもねろ

● 解説

　生活のちょっとしたひとこまに、さり気なくあそべるうたです。
　例えばお昼寝の前など、落ち着いた雰囲気を作りたい時にうたうと、子どもの気持ちが安定し、スムーズに気持ちを切り換えることができます。
　こもりうたを聴かせる時のような優しい声で、大人も穏やかな気持ちになって、ゆっくり唱えましょう。

ハイハイのころ
①指と手を刺激しながら

歩行、言葉のはじまり
①指と手を刺激しながら ▶DVD

★独特の雰囲気が、思わず安らかな気持ちにさせてくれます。

66 ごいごいごいよ

P.124

　　ごいごいごいよ　となりのおばば
　　　いまきちゃ　もみがない
　　　あきこい　もみやろ

●解説

「秋になったら米ができるからそのころにおいで」とうたっています。
「今年の秋も、米が豊作になりますように」という願いをこめてうたわれてきたのでしょう。
わらべうたには、こうした人々の生活に密着した内容のものが多くあります。

ハイハイのころ
①ひざの上でゆらしながら

歩行、言葉のはじまり
①ひざの上でゆらしながら
②抱えてゆらしながら ▶DVD
③おんぶや抱っこしながら ▶DVD

★これから出会うわらべうたの裏に、どんな意味が含まれているのか考えてみるのもおもしろいでしょう。

67 おふねは　ぎっちらこ

おふねは　ぎっちらこ
ぎっちら　ぎっちら　ぎっちらこ

●解説

　子どもと大人が、息をあわせて交互に体を引くようになると、子どもはまるで自分も大人になったような気持ちになります。
　大人と同じ立場で参加することに充実感を覚えるのです。
　何度もくり返しあそび込むうちに、力を入れる時と相手に身をゆだねる時の力の加減を少しずつ知っていきます。

★力を調節するコツを知ることはとても重要なことです。ぜひ子ども時代に、このようなあそびの中で体得していって欲しいですね。

ハイハイのころ
①ひざの上で船こぎしながら

歩行、言葉のはじまり
①ひざの上で船こぎしながら▶DVD

68 たぬきさん

> たぬきさん　たぬきさん
> ひをひとつ　かしとくれ
> 　あのやま　こえて
> 　このたに　こえて
> ひは　ここに　びこびこ
> 　びこびこびこ

●解説

あたたかなストーリー、日本の里山の風景が目に浮かぶようなうたです。

最後の「びこびこ」に到る時には、子どもの手の内にも明るいともし火が灯り、あたたかな気持ちで満たされることでしょう。

昔話を語るときのようにイメージを豊かに描きながら、うたうようにゆったりとした気持ちで唱えてみましょう。

★少し大きくなると両手の指をひと指ずつ合わせて、リズムを打つあそびも楽しめるようになります。

ハイハイのころ
①指を刺激しながら

歩行、言葉のはじまり
①指を刺激しながら ▶DVD

69 やすべー　じじいは

　　やすべー　じじいは
　　　うんぽんぽん
　　そういう　たぬきも
　　　うんぽんぽん
　　うんぽこ　すんぽこ
　　　すこぽんぽん

● 解説

　わらべうたには、猫や馬、狸や兎などの動物がよく登場します。
　これらの動物が、昔の人々の生活の中で、いかに身近な存在であったかがよくわかります。
　このうたでも狸は大きな腹太鼓を打ち鳴らすという愛らしい役で登場します。
　子どもは、そんな狸と一緒になってリズムを打つことに夢中になります。

ハイハイのころ
①聴いて楽しむ
②リズムをとりながら

歩行、言葉のはじまり
①聴いて楽しむ
②リズムをとりながら ▶ⒹⓋⒹ

★「そういうたぬきも」の部分を「そういう○○ちゃんも」と置きかえることで、子どもは自分の名前が出てくることを楽しみに待つようになります。

70 おやゆび ねむれ

おやゆび　ねむれ　さしゆびも
なかゆび　べにゆび　こゆびみな
ねんねしな　ねんねしな　ねんねしな

●解説

　そのまま眠りにつきたいという気持ちにさせてくれるうたです。
　親指から順番に眠っていき、最後には「ねんねしな」の言葉に誘われて子ども自身もゆったりとした安心感に包まれます。
　5本の小さな指を折り曲げていく時のほのぼのした雰囲気に、大人もきっと心地よさを感じるようになるでしょう。

★赤ちゃんはまだ指がそれぞれに分化しきっていないので、指先を一本ずつつまんで刺激するだけでも、心地よさを感じることができます。

ハイハイのころ
①指を刺激しながら

歩行、言葉のはじまり
①指を刺激しながら

71 きつねんめ

きつねんめ　たぬきんめ
ぐるりとまわって　ねこのめ

●解説

　目の形を変えるだけで全く違う動物に早変わりできるほど、目というのは人や動物の特徴を印象づけるものです。
　「この目がきつねかな？こっちの目がたぬきかな？」と確認しながらあそびの中で目に興味を持つようになると、子どもは身近な人の顔にも注目するようになり、それぞれの人の特徴を見分けることができるようになります。

ハイハイのころ
①見て楽しむ

歩行、言葉のはじまり
①見て楽しむ ▶DVD
②いっしょにやる

★相手の目をみることは心の育ちに大きく影響します。わらべうたには、相手の目をみるという要素がたくさん入っています。

72 あがりめ　さがりめ

P.124

あがりめ　さがりめ
ぐるりとまわって　ねこのめ

●解説

少しの変化で印象が大きく変わってしまう人の目。

目はその人の心が投影される場所でもあり、その時の気持ちによって色々な表情になります。

このようなあそびを通して目に関心を寄せるようになると、相手の気持ちを目の表情から判断したり、自分の意思を目で伝えたりして目を使ってのやりとりができるようになっていきます。

★相手の目をみることは心の育ちに大きく影響します。わらべうたには、相手の目をみるという要素がたくさん入っています。

ハイハイのころ
①見て楽しむ

歩行、言葉のはじまり
①見て楽しむ ▶DVD
②いっしょにやる

73 あんこ じょーじょー

　　あんこ　じょーじょー
　　　あなだの　けむし
　　たけやぶの　きのこが
　　　あったたた…

●解説

　熱いものに触れた時には耳たぶを触って熱を取るというくらい耳たぶは感覚が鈍い場所ですが、視力に通じるつぼがあるなど、健康につながる機能も持ち合わせています。

　耳たぶを刺激することで子どもは心地よさを感じることができるので、最後の「あったたた」では耳たぶをくすぐったり、指でつまんだりして、アレンジを楽しみましょう。

ハイハイのころ
①顔にふれながら

歩行、言葉のはじまり
①顔にふれながら ▶︎DVD

★うたの最後にある耳たぶを刺激するところを、子どもたちはとてもよろこびます。

74 ここは　てっくび

　　ここは　てっくび　てのひら
　　ありゃりゃに　こりゃりゃ
　　せったかぼうずに　いしゃぼうず
　　おさけわかしの　かんたろうさん

●解説

　体の名称や俗称をあそびの中で知っていきます。
　また「せったかぼうず」は中指のことで、この指が5本指の中でいちばん長いということなど、体の性質についても知ることができます。
　「ありゃりゃに　こりゃりゃ」という合いの手のような言葉は、普段あまり耳にしない響きです。
　子どもも一緒になって口を動かしたりおもしろがったりします。

★小さい子とあそぶ時には子どもを大人の膝の上に座らせ、体を安定させた状態で同じ方向から行います。

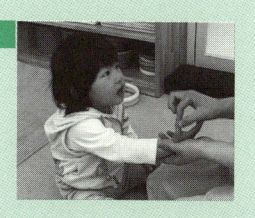

ハイハイのころ
①指と手を刺激しながら

歩行、言葉のはじまり
①指と手を刺激しながら ▶DVD

75
できもん かち かち

できもん　かち　かち　かじやのこ
　あたまでっかち　かじかのこ

●解説

　子どもは拍に合わせてリズムを取るのが大好きです。
　手や物を打ちならすためには、しっかり両方のものが合わさるよう目で確かめ、手をコントロールして動かさなければなりません。
　大人はこの高度な技が身についたことを子どもの成長と理解し、子どもが身体的にも順調に発達していることをよろこび、そのよろこびをうたに込めて子どもに届けましょう。

★特に小さい子どもの場合、手を振るなどリズムをとるときには、子どもの視覚の範囲におさまるような配慮が必要です。

ハイハイのころ
①手でリズムをとりながら
②物でリズムをとりながら

歩行、言葉のはじまり
①手でリズムをとりながら
②物でリズムをとりながら ▶DVD
③体の一部をゆらしながら

76 かんてき わって

P.124

かんてき　わって
すりばち　わって　しかられて
おかして　たまらん
あいたたのた

●解説

　家の大事な道具をいたずらして叱られたといううたです。
　しかし、このうたの裏には「いたずらするとバチが当たるのだからよい子にするのだよ」という大人のさり気ない「さとし」が込められています。
　わらべうたは、疑似体験できる貴重な機会です。そのようなあそびから、子どもは生活のルールなどを身につけていきます。
　「あいたたのた」で手を頭の上に持っていくところが子どもたちは大好きです。

★「あいたたのた」では、少し大げさに手を動かして、子どもの期待に応えてあげましょう。

ハイハイのころ
①手をとりあって

歩行、言葉のはじまり
①手をとりあって ▶DVD

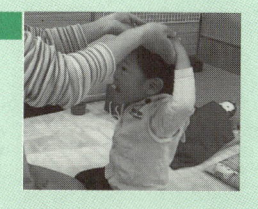

77 ここは　とうちゃん

　　　ここは　とうちゃん　にんどころ
　　　ここは　かあちゃん　にんどころ
　　　ここは　じいちゃん　にんどころ
　　　ここは　ばあちゃん　にんどころ
　　　ここは　ねえちゃん　にんどころ
　　　だいどう　だいどう　こちょこちょこちょ

●解説

　子どもにとって一番身近な存在である家族がたくさん出てきます。
　「まわりのみんながあなたのことを見守っているから大丈夫よ」と、子どもを応援する思いを込めてうたいます。
　顔を一周めぐって「こちょこちょー」に到るまでに、子どもは大好きな人たちの中心に自分がいるという幸福感に包まれ、あたたかな気持ちになることでしょう。

★こうした顔あそびは、初めは大人がしてあげますが、心地よさを得た子どもは必ずお返しをしてくれるようになります。

ハイハイのころ
①顔にふれながら

歩行、言葉のはじまり
①顔にふれながら ▶DVD

78 たまげた こまげた

たまげた　こまげた　ひよりげた

● 解説

　語呂のおもしろさを感じ、子どもも語尾にある「た」を早くから真似るようになります。
　韻を揃えた言葉は子どもの耳にも聴きやすく、語尾を真似することによって自分もうたに参加しているという充実感があります。
　大人も子どもが聴き取りやすいように、口の動きをはっきりさせると、美しい日本語の持つ語呂合わせの魅力を引き出すことができます。

★歩行はもちろん、ちょっとしたリズムのある動きを見つけたときには、子どもといっしょにうたいましょう。

ハイハイのころ
①ハイハイを促しながら
②大人がするのを追いながら

歩行、言葉のはじまり
①大人の足先にのりながら ▶DVD
②歩きながら ▶DVD

79 でんでんむし

P.124

でんでんむし　でむし
でなかま　ぶちわろ

●解説

　本来は子どもが大勢で手をつなぎ、歩きながら渦巻きを作るあそびです。
　子どもはくるくる回ったり渦巻きや円を描いたりすることが大好きです。
　太陽の周りを回りながら自転している地球の中で生きる私たちにとって、回ることや丸めること、渦巻きや円を描くことは、生まれながらに「快」と感じる重要な動きなのかもしれません。

★丸めるという行為は日常にたくさんあります。気がついたときにうたいながら楽しむ姿を見せていきましょう。

ハイハイのころ
①見て楽しむ
②ハイハイの促し

歩行、言葉のはじまり
①見て楽しむ
②いっしょにやる ▶DVD

80 きっこの こびきさん

きっこの　こびきさん
おちゃのんで　ひーきんか
まだひる　はやい
いっぷくすうて　ひーかんか

●解説

　労働する様子をうたったあそびです。
　子どもはあそびの中で働く大人たちの生活に触れ、働く大人へのあこがれを抱くようになります。
　大きなのこぎりで木を切る情景をイメージしながら、息を合わせて体を引き合いましょう。
　働く人たちのうたなので、はずみをつけて引き合い、声もはぎれよく発し、楽しい雰囲気でうたいましょう。

★のこぎりを引くという行為を、日常生活の中で見ることは減ってしまいました。ぜひ、あそびのなかで楽しみましょう。

ハイハイのころ
①ひざの上で船こぎしながら
②ボールを転がしながら

歩行、言葉のはじまり
①船こぎをしながら ▶DVD
②ボールを転がしながら

81 とのさま　おちゃくざ

とのさま　おちゃくざ
ふたりの　ごけらい
おんどり　めんどり
いそいで　ごにゅうらい
ちん　ちょっぱー　ちん　ちょっぱー
ちん　ちょっぱー　ちーん

●解説

　普段はあごの下を刺激されることが少ない子どもたち。大好きな人に触れられることをとてもよろこびます。
　「ちん　ちょっぱー」に合わせて、ごしごしと少し強めに触れてみましょう。
　「とのさま　おちゃくざ」は厳かにかしこまって、「ごにゅうらい」は知らせの挨拶らしく、かん高く張りのある声で唱えると、江戸時代の様子を想像しやすくなります。

歩行、言葉のはじまり
①頭から顔にふれながら

★「ちーん」と鳴り響いた後の独特の間、すかさず「もういっかい」と子どもたちはお願いしてくれます。

たにこえ やまこえ

たにこえ　やまこえ
てっきょう　わたり
きてきを　ならして
きしゃ　はしる
しゅ　しゅ　しゅしゅしゅ

●解説

　今では、汽車を身近に親しむことは難しくなりましたが、子どもはあそびを通して想像を膨らますことができます。
　「しゅ　しゅ」は汽車が元気に走っているようすがわかるよう、はぎれよくお腹からしっかり息を出すように発音すると、より汽車らしさが伝わります。

★勢いよく煙を出しながら「あんな坂、こんな坂」と力強く走り続ける、大きな汽車をイメージしてうたいましょう。

歩行、言葉のはじまり
①汽車に見立てながら
②歩きながら
③大人の足先にのりながら

83 かってこ　かってこ

かってこ　かってこ　なんまんだ
よその　ぼうさん　しりきった

● 解説

　雪が降った後に雪を踏み固めて歩いたり、氷のように踏み固めた雪の上であそんだりした時に唱えたうたです。
　大人の足の上に両足を乗せて一緒に歩くという動作は、大人の足から落ちないようにするコツが必要になります。
　このあそびができるようになったということは、踏ん張れる力が足についたことや足を交互に動かすタイミングが理解できるようになったということです。

★あそびの動きそのものが、子どもの成長のめやすとして捉えることができます。

歩行、言葉のはじまり
①大人の足先にのりながら ▶ @DVD
②歩きながら ▶ @DVD

84 おでこさんを　まいて

おでこさんを　まいて
めぐろさんを　まいて
はなのはし　わたって
こいしを　ひろって
おいけを　まわって
すっかり　きれいに　なりました

●解説

　大人が丁寧に触れていくことで、子どもは安心して顔への刺激を楽しむようになります。
　大人はあそびを進めながらも「今日の顔色はどうかな？目は赤くないかな？鼻水は出てないかな？」とその日の子どもの体調を確認することができます。また、その日の反応によっても子どもの体調を確認することができます。

歩行、言葉のはじまり
①頭から顔にふれながら

★「すっかりきれいになりました」と言われ、大人に褒められたような気分になります。

85 どんぐり　ころちゃん

　　どんぐり　ころちゃん
　　あたまは　とんがって
　　おしりは　ぺっちゃんこ
　　どんぐり　はちくりしょ

●解説

　小さいうちは、どんぐりに見立てたものが出てくるということだけで十分楽しめますが、少し大きくなると、大人の目の動きや手の力加減から、どっちの手に入っているのか考えて選択するようになります。
　当たった時の達成感と当たらなかった時のもう一度チャレンジしてみようというやる気が引き出せるあそびです。

歩行、言葉のはじまり
①見て楽しむ
①人や物を選びながら

★手のひらの中を見せる時のタイミングを大切にすると、より子どもの期待が膨らみます。

86 どっち どっち

P.125

どっち どっち えべすさん
えべすさんに きいたら わかる

●解説

　これから未来に向かって歩んでいく上で、子どもはたくさんのことを選択しながら進む道を自己決定していきます。
　このような当てっこあそびは、物事を選択して決めていく練習の場でもあり、あそびの中で選択する勇気や自分の考えに対する自信が育っていきます。

★複数の物の中からひとつを選ぶという鬼決め以外にも、小さなものを手の中に隠してどっちに入っているか当ててもらうあそびとしても楽しめます。

歩行、言葉のはじまり
①人や物を選びながら ▶DVD

87 いちじく にんじん

P.125

いちじく　にんじん
さんしょに　しいたけ
ごぼうで　ほい

● 解説

　わらべうたには野菜や果物、魚など、私たちの生活には欠かせない身近な食べ物がたくさん登場します。
　うたあそびで親しんだものがテーブルに並んだ時の子どもの目の輝きは格別です。
　人参が出た時に「あー、いちじくにんじんだ」とうたの一部をそのまま取り出して人参を見つけたよろこびを伝えてくれる子どももいます。子どもにとって、あそびと生活は切り離せない大事なパートナーです。

★あそびと生活、大人は上手に両方の特徴を活かしながら子育てに役立てていきましょう。

歩行、言葉のはじまり
①数えながら
②人や物を選びながら ▶ DVD

88 ひとつ　ひよどり

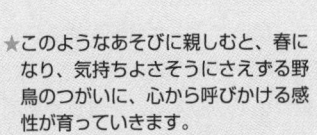

　　　　ひとつ　ひよどり　ぴーよぴよ
　　　　ふたつ　ふくろう　ほーほー
　　　　みっつ　みずべの　ゆりかもめ
　　　　よっつ　よくくる　すずめたち
　　　　いつつ　いわつばめ　すーいすい
　　　　むっつ　むこうやまで　ほーほけきょ
　　　　ななつ　なぜなく　からすのこ
　　　　やっつ　やまばと　ででぽっぽー
　　ここのつ　こじゅけい　ちょっとこい　ちょっとこい
　　　　とおで　とんびが　ぴーひょろろ

●解説

　「今度はどんな鳴き声?」と、想像を膨らませながら、次々とうたに登場する野鳥を待ちます。
　大人は恥ずかしがらずに自信を持って野鳥になりきりましょう。すると、子どもも大人のさえずりを真似して野鳥になりきり、それぞれの鳥の特徴を知ることができます。

★このようなあそびに親しむと、春になり、気持ちよさそうにさえずる野鳥のつがいに、心から呼びかける感性が育っていきます。

歩行、言葉のはじまり
①聴いて楽しむ
②数えながら
③並べながら ▶DVD

子育て文化が詰め込まれた"わらべうた"

● わらべうたとは

　本書の映像でうたわれているのは、「わらべうた」と呼ばれるものです。わらべうたははるか昔から、人々がその生活の中で培い、長い間伝承してきた子育ての文化です。その中には、子育ての知恵や生活の様子をうたったもの、四季の美しさや年中行事についてうたったもの、自然と人とのふれあいをうたったものなど、さまざまなものがあります。

　うたの背景からは、地域や世代ごとの歴史もみえてくるほど奥の深いものですが、それらのうたの中で共通しているのが「子どもたちへの愛」です。

　苦しい生活を送る中にも、愛情をたっぷり受けて、健やかに育ってほしいと願った子どもへの思いがうたわれています。

● 子育てに適したリズムをもつうた

　テレビ、ラジオ、街中などで、刺激的な音楽を耳にすることが多い私たちにとって、わらべうたは、単調に聞こえ、変化が乏しいと感じてしまうかもしれません。しかし、自然界に生きる人間にとっては、特に子ども期という人としての大切な成長を考えると、このゆったりとしたやさしい刺激は受け入れやすいものといえます。

　実際、子どもが心地よさを感じる音の幅やリズムの速さには制限があることがわかっています。高すぎても低すぎても、速すぎても遅すぎても、子どもにとっては快感ではないのです。

　わらべうたは、こうした条件にぴったりとあっています。世代から世代へ、子育ての生活のなかで脈々と生き残ってきたこれらのうたは、人の育ちに自然と合うものだけが、伝承過程で生き残ってきたのではないでしょうか。

● 成長に欠かすことのできない関わり

　心と体の発達という面においても、わらべうたはとても重要な役割を果たしてくれます。愛情を心の栄養として欠かせない人の育ちにとって、信頼する人からの愛情あふれる肉声と肌のふれあいをくり返し受けることは、なくてはならない体験です。それは、うたであっても、語りであっても、ただ抱かれて目を見つめてもらうだけであってもよ

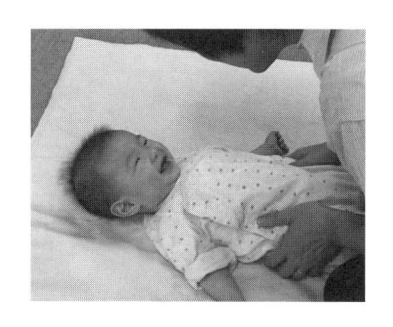

いのでしょう。母のお腹のなかにいる頃からの安らぎを感じながら、自らが生きていくための外界との接点を少しずつひろげながら育っていくのです。

聞きやすい、うたいやすい、おぼえやすい、たくさんのふれあい体験を与えてくれるわらべうたが、子育てにとって欠かせないものとして伝えられてきたのには、理由があるのです。長い年月を生き抜いてきた人々の知恵が、子育てのスキルとしてのわらべうたとして残ってきたのです。

わらべうたは、子どもと上手にコミュニケーションしたりあそびあったりするためのうたでもあります。その本質は、ふれあいうたであり、あそびうたであり、育てうたでもあるのです。

●途切れてしまった子育ての伝承

子育てをすれば自然に親は育つなどといわれます。確かに、はじめての子を持っても、毎日のお世話を愛情をもってくり返していくことで、いつしかゆったりと赤ちゃんとふれあうようになり、その子のすべてを受け入れることができる「親」となっていくでしょう。「あなたのことが大好きよ」と思いを込めながらふれあうだけで、子育てのさまざまなスキルはいつしか身についていきます。

しかし、そうした背景には、自分が小さい時に同じように愛してもらった体験や、大きくなるまでに周りの子育ての姿に接してきた体験、そして、身近に子育てのお手本といえる人たちによる助けがあることが前提といえます。

●子育てのふれあいこそが心のスイッチ

現代の子育てはどうなっているでしょうか。豊かな食事に恵まれ、衣服にも困らず、立派に教育を受ける人々が親世代の大半となったのに、子育ての難しさばかりが強調される時代になってしまいました。

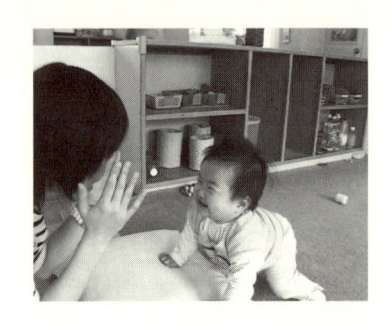

社会が発達し、便利になればなるほど、人と人との生(なま)の関わりは希薄になります。子どもと親、子どもと子ども、子どもの親と親、親と保育者など、子育てにおける人と人の関わりが希薄になっていることが、さまざまな教育問題の背景にあります。いつしか、自然と身につけた、小さな子どもとの関わりのリズムが失われてしまったのです。
　心地よさのスイッチをそっと押してくれるのが、子どもとのふれあいです。そうしたエッセンスが生活を通して、子育て文化として醸成され、洗練されたものの一つが、わらべうたの音色であり、わらべうたのリズムです。
　子どもと笑顔を交している姿がそこにあるだけで、周りは癒しの雰囲気に包み込まれます。ふれあいによって心にやさしさが芽生え、くり返すことで大きくふくらんでいくのです。

●ひろげてほしい「ふれあいの輪」

　今、子育て文化がぎっしりと詰め込まれたこのわらべうたのふれあいが、あらためて注目されています。
　本書は、本来の乳幼児の生活とあそびはどういうものなのかについて、子育てをするあらゆる立場の方々にとって、少しでもヒントになればと願い、まとめたものです。乳児のためのわらべうた集という教材的側面だけでなく、ふれあいの原点、心地よい人との交わりについて、遠い記憶を思い起こさせてくれる貴重な映像資料です。
　この映像を見た人が、たとえ一曲でも、1フレーズでも、わが子や身近な子どもに笑顔でうたい、ふれあい、あそび、語ることを願っています。そして、それを聞いた人がまた誰かにうたい伝えていく、子どもにとっての本当のふれあいの輪が広がっていくことを期待しています。

お母さん、お父さん、子育て中のみなさまへ

●生まれる前から
　生まれる前のおなかにいる時から、赤ちゃんはお母さんの声やおなかの外から語りかけてくれる人の声を聴いて過ごしているといわれています。お母さんが安定した声で話をしていると、お腹の中で耳を澄まして聴いている赤ちゃんも心地よくなり、安定した状態で過ごすことができるそうです。
　ぜひ、お腹の中にいるころからやさしいうたをうたってください。きっと、その聴きなれた人の声から伝わるわらべうたは、赤ちゃんの心を落ち着かせると同時に、「あなたが生まれてくることを喜んで待っているわね」「安心して生まれておいで」という親の愛情も一緒に伝えていくことができるでしょう。

●生まれてからも
　「もう産んでしまった後だから遅いかしら？」とお思いになる方もいるかもしれませんが、心配ありません。わらべうたは、どの時期に出会っても子どもの心を満たしてくれます。子どもたちはわらべうたが大好きですから、素敵な仲間になってくれるはずです。
　まずは、子どもにうたってあげるご自身が、そっとうたってみてください。心地よいゆったりとしたリズムと、なつかしい音色があなた自身をリラックスさせてくれます。そして、「あなたのことが大好きよ」という気持ちで、子どもにうたってみてください。きっとその楽しい気持ちやあたたかい愛情が子どもにも通じ、親子で充実したひと時を過ごすことができるようになります。

●まずは好きなうたから
　わらべうたには、子どもを寝かせる時のうたや、あやす時のうた、手や顔、体に触れてあそぶうた、体の動きをともなううたなど、たくさんの種類があります。眠る時、体全体でふれあってあそぶ時、電車での移動中にそっとあそぶ時など、さまざまなあそび方が考えられますが、まずは、ご自身が好きになったうたを口ずさんでみましょう。
　わらべうたは短くて覚えやすいものが多いとはいえ、「全部覚えて完璧なものを」と固くなってしまうと、なかなか声をうたにのせることが難しいものです。メロディだけで

も口ずさみ、くり返すうちにうたえるようになってきます。
　子どもにうたってあげる時も、まずは一つのうたを、相手の反応をゆったりとした気持ちで見ながら、くり返しうたってあげましょう。

●心の栄養としてくり返しの関わりを
　子どもは、慣れ親しんだ声で、同じうたを、同じうたい方、あそび方で、何度もくり返してうたってもらうことが大好きです。くり返し体験することで、うたの魅力を体で感じるようになります。うたをたっぷり味わう心地よさを知ると、今度は子どもから「もう一回」と、くり返すことを要求してくるようになるでしょう。もし、仕草や言葉でくり返すことを要求してきたら、気持ちよく受け入れて、その子が満足するまで何度でもうたってあげてください。
　なお、くり返しうたうときでも、無理に変化をつける必要はありません。大人はつい同じことのくり返しよりも、新しい刺激や驚きを求めてしまうものですが、子どもは「このうたの最後のところで、またくすぐってもらえるのかな？」などと予測して、「あ、やっぱりくすぐってもらえた」と思い、そうした達成感を味わいながら楽しみます。
　予測したり期待したりしていたことが、実際にやってもらえたということを体験していく中で、子どもの大好きな人への信頼がより確かなものになり、お互いの関係を深めていくことができるのです。
　ぜひ、お子さんのわくわくする気持ちを一緒に感じながら、ゆったりしたテンポで愛情たっぷりのうた声を聞かせてあげてください。

●わらべうたの声の高さ
　わらべうたは特に決まった高さでうたう必要はありません。ご自身のもっている声の高さで自然にうたってください。慣れてきた方は、いつも話しているときの声よりも少

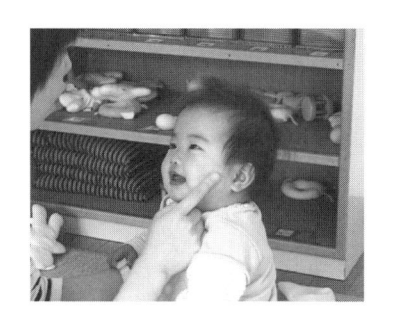

し高めの声でうたうと、子どもの耳にとって聞きやすいようになります。無理をすることはありませんが、ちょっと美しい声でうたってみようと心がけるだけで、声の色が澄んで、うたっている表情もやわらかくなります。大人がやわらかい表情になると、子どもも自然とリラックスして、安心してあそびを楽しむことができるでしょう。

●うたい始め

　通常、わらべうたをうたい始めるときは、子どもがうたを始めようとする大人に注目し、うたに参加できる心の準備ができたことを確かめた上でうたいます。何度もくり返す時には、すぐに次を始めるのではなく、子どもが前のうたを十分味わったことを大人も感じ取ってからくり返します。その時、大人が子どもに目配せしたり、少し深く息を吸ったりすることで、子どもはうたの始まりを察することができ、一緒にうたの世界に入って行くことができます。

　うたう大人とうたわれる子どもの関係性が、こうした絶妙の呼吸をつくり出していくのです。本書の映像では、うたの前に「せーの」と掛け声をかけてからうたい始めているものがありますが、特に乳児とのわらべうたにおいては、そうした掛け声をかけずに呼吸をあわせることを心がけてください。

●体をふれるあそび

　わらべうたあそびには、体や顔にふれるあそびがたくさんあります。そうしたあそびを初めてする時には、子どもの手やからだの一部を、もう一方の手で軽く触れてあげると子どもの不安がなくなります。特に顔に触れられることは、小さい子どもであればあるほど、本能的に緊張することです。赤ちゃんやわらべうたに出合ったばかりの子どもには、あやすうたや、こちらの動きを見たり真似たりするわらべうたのほうがすぐに慣れるかもしれません。また、顔にふれるあそびでも最初にご自身の顔でやっているとこ

ろを見せたり、お子さんが気に入っている人形やぬいぐるみにやったりして、すこしずつ不安を取り除いて、自分もやってもらいたいという気持ちを引き出していくのもよいでしょう。

　もし他の子どもや大人がその場にいる時には、その方たちにやるところを見せるのも効果的です。ご自身が他の人にやってもらうのも、わらべうたの心地よさを実感できるよい機会になるかもしれませんね。

　本書を通して、親子の絆が深まり、よりよい関係性の中で子育てを進められることを願っています。

子育てを支援するみなさまへ

●**子育ての不安、悩み**
　乳幼児を抱えた保護者の不安や悩みが社会的な問題になっています。地域では、親子が集まるあらゆる場所で子育て支援事業が企画され、育児サポートが行われています。
　家庭で子育てに専念している母親たちは、育児に関する情報やアドバイスを求めていたり、自分と同じように小さい子どもを育てている親同士の交流を求めて集まるなどしています。ほとんどの保護者たちは育児に対して漠然とした不安や悩みを抱きながら、そうした場所で発見する新たなネットワークに心が救われている思いがあるでしょう。
　しかし、今の子育ての問題は、こうした自発的に保護者が集まる場所だけですべて解決できるものではありません。

●**子育てのスキルがなくなっている**
　子どもにどのように接したらいいのだろう、どんなふうにあそんであげればいいのだろう、泣き止んでくれない時、いったいどうしたらよいだろう、お母さんの悩みは日常のさまざまな場面に散らばっています。
　すでに育児に疲れたお母さんも多くいらっしゃるかもしれません。事実、多くの子どもと親がその犠牲になっている悲しい現実もあります。
　子どもを抱っこする、おんぶするなどのスキンシップの大切さは、すでに多くの現場で語られています。しかし、臨機応変に子どもとコミュニケーションする術を持っていない子育て世代が多くいるのも現実です。抱っこが上手にできない、子どもをあやすことができない、子どもを愛するということがわからない人がいるのです。

●**具体的な術を伝えていこう**
　こうしたことは当事者だけの責任ではないでしょう。子育ての術の伝承、子どもを愛することの連なりを後回しにしてきた社会全体の責任ともいえるのではないでしょうか。
　物質的に豊かで便利な社会構造を手にしてきた私たちですが、人と人との生（なま）の関わりという、最も大切なものを失いつつあります。ふれあいの姿を少しずつ伝えていくこと、そして、それが楽しく、自分自身も心地よくなる貴重な時間であることの目覚めを促し

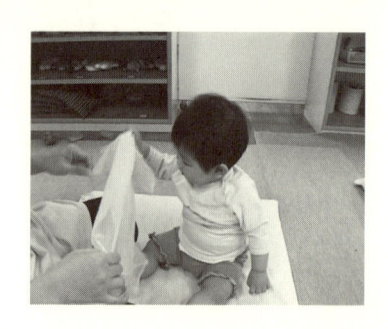

ていくことが、今の子育て問題を解決していくために、遠いように思われるかもしれませんが、最も確実な道のりではないでしょうか。

●さまざまな立場からさまざまな支援を
　子育てを支援する場所は、「子育て支援」と名のつく場所だけではありません。子どもが病気になった時に通う小児科、地域の核となりさまざまな家庭と接点をもつ保健師たち、子どもに関わるさまざまな手続きを取り扱う行政施設、子どもの絵本を借し出している地域の図書館、さまざまな講座を企画する公民館、移動手段として利用される公共の乗り物、買い物客でにぎわうスーパーやデパート、その他のさまざまな公共施設・機関など、乳幼児を持つ保護者に関わりある場のすべてが当事者意識をもって取り組むべき課題です。そして、このような組織としての取り組みだけでなく、市民一人ひとりが隣の家の子どもを、わが子のように愛していく営みが求められています。
　さまざまな現場で、子育てに追われる方々を受け入れ、緊張を解き放ち、ゆったりとした本来の子育ての姿を取り戻してもらうような具体的な取り組みが必要なのです。それは、子どもが小さい頃であればあるほど、その家庭にとって幸せをもたらすはずです。

●本書の映像を活用してほしい
　本書の映像のような、乳児期のわらべうたの関わり、あそびがもつリズムやメロディは、あらゆる人々を心地よい気持ちにさせてくれます。こうした関わりに身を任せる機会を、子育て中の多くの人々に触れさせてほしいのです。
　本書の映像は、教材として育児支援プログラムなどの中で活用してもらうこともできますし、直接的な実践活用でなくとも、映像を見る機会を設けるためのツールとして使用することもできます。今、さまざまな集会所にテレビ機材などが置かれていますが、その棚のなかにはアニメビデオが無造作におかれたりしています。確かにそれを再生さ

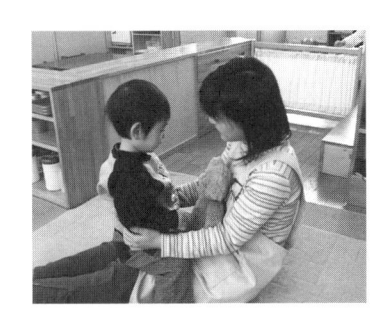

えしておけば、子どもはその時間だけ画面に熱中してくれます。親も安心して子どもから目を離し、親同士の会話に花を咲かせることができるでしょう。しかし、これでは子どもと親との接点を、より自然な形でつなぎとめることにはなっていきません。

　本書の映像のように、子どもの視覚にも無理のない、現実世界の具体的なふれあいのあそびをみた親子には、自然と肌と肌をふれあうあそびが展開されていくことでしょう。

●社会にやさしい気持ちを育んでいこう

　子どもをひざに座らせてゆっくり揺らしながらうたいかける、子どもの目をみつめながら、同じうたを同じリズムでくり返し何度もうたう、子どもは信頼すべき大人のやさしいまなざしに見守られて安心して心地よい世界へと入っていきます。また、同時にうたっている大人自身も、その心地よさを味わい、自分の一つひとつの仕草に笑顔で反応してくれる子どもの姿をみて、現代社会で失いかけたふれあいの心をふくらませていくのです。また、そうした関わりの姿を遠くから見ているだけで、多くの人はやさしい気持ちを育んでくれることでしょう。

●語るようにうたえる、語るようにふれあえる

　うたの技術や得意不得意は関係ありません。わらべうたは、誰でも歌える素朴でシンプルなものが多く、語るようにうたうことができるものばかりです。ＣＤやテレビから流れるものよりも、自分のそばで親がうたってくれることのほうが、子どもにとってなによりの幸せです。

　子どもの抱き方がわからない親に形式的な抱っこの練習をしてもらうより、わらべうたをうたいながら、自然に抱っこができるようになるほうが、親の気持ちも楽になります。わらべうたには、肌と肌がふれあうあそびが多く含まれており、感覚を呼び起こす要素がふんだんにもりこまれていますから、子どもにうたうことそのものが子どもとふれあ

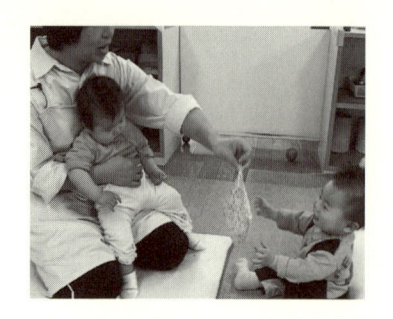

い、あそぶことにもなるのです。
　幼い頃に家族からたくさんふれあってもらった子どもは、自分が愛されて育ったことを実感していくことでしょう。そして、自らが子育て世代になった時、過去に受けた愛情を次の世代にも与えてくれるにちがいありません。

●社会全体に子育てのリズムを
　伝承のうたであるわらべうたは、私たちがすでに失ってしまった文化や暮らしの知恵が込められ、今もなお、私たちにその価値を語りかけてきます。わらべうたは子どものためだけにあるのではなく、私たち大人にとっても宝物のような子育て文化です。
　支援者の方々も親子と一緒にわらべうたをうたってください。うたは気持ちをほぐし、悩む親たちの心を開くきっかけになるかもしれません。
　わらべうたのリズムが社会全体を包み込み、子育ての意欲をふくらませていくことを願っています。

保育現場のみなさまへ

●高まる乳児保育の重要性

　現代の日本においては、保育園や幼稚園は子育て文化の最後の担い手といえるでしょう。子育てのプロとしてのその役割は、ますます重要になりつつあります。特に、乳児保育の需要が急増しており、受け入れる現場の数も広がりをみせています。

　そうした状況をみても、人の育ちの中で最も大切な基本的信頼感を育む乳児期だからこそ、保育現場としても、今まで以上に一人ひとりの子どもの育ちをしっかりと保障していかなくてはなりません。

●保育実践にふれあいを

　しかし、実際の現場では、乳児の育ちに最も大事なことは何か、それを保障するためにはどういう保育条件が整わなければならないのかについては、客観的に明らかにされないままに、いわゆる経験に頼る保育が行われていることもあるのではないでしょうか。特に、自分で育児を経験していない若い保育者にとっては、具体的に何をするのかがわからない場合も多くあるでしょう。

　自分を主張する術を十分に持たない乳児期に、肌と肌のふれあい、目と目をあわせた通じ合い、信頼する大人からたくさんの愛情をかけてもらうという具体的な体験を保障するために、私たち大人はあらためて考えなくてはなりません。

　本書の映像にある関わりは、そうした意味において、多くの現場で実践、研修、研究を深めてほしい専門的アプローチといえるのではないでしょうか。

●1対1の関係を基本に

　0・1・2歳の保育においては、子どもが保育者に対して安心感をもって生活することは、その後の保育においてとても重要なことです。心を通わせることを促すわらべうたの関わり、安心の空間づくりのためのわらべうたのふれあいを、一人ひとりを大切にする生活とあそびのなかで実践してください。

　本書の映像は、1対1という、子育てにおける関わりの原点を主のテーマとしてまとめられています。実際に子どもたちと日々接する現場では、乳児・幼児ともに集団で生

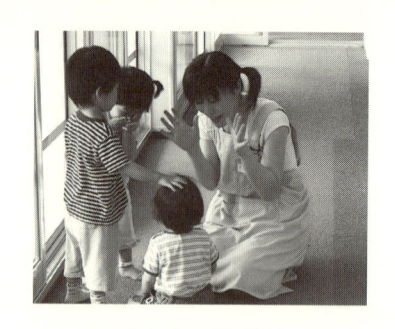

活していますから、1対1という状況は想定しづらいかもしれません。日々のスケジュールに追われている保育者にとって、また、これまでわらべうたのようなふれあいを深めていない現場では、多くのとまどいがあるかもしれません。しかし、集団生活とはいえ、子どもとの関係作りの基本は1対1の関わりから生まれていきます。この基となっている部分を十分に理解することはとても大切なことといえます。

●子どもの育ちの本質に沿って

　この時期の保育では、「コミュニケーションを豊かにする」ことが大切です。

　何かを伝達しようとして、言葉や身振りでやりとりするのがコミュニケーションの主な姿です。でも、例えば「いい顔してるわね」「あ、笑った」という何気ない乳児との言葉のやりとりには、何かを伝えるという目的はありません。ただお互いに情動を交流しているだけです。つまり、コミュニケーションそのものを目的とするやりとりといえます。心と心、肌と肌をふれあわせて、感情を交流しあっていくこうしたやりとりが、子どもにとっては快感なのです。

　この時期の育ちにおいては、こうしたことをくり返して、人と関わること自体を子どもが好きになっていくことが大切で、その延長に言葉や社会性などの育ちがあるといえます。そして、"快"を求めて活動をひろげていくことが子どものあそびの姿であり、あそびのくり返しが子どもの成長を促すのです。

　これらをうまく満たす豊かなコミュニケーションが、一つの形としてなっているのがわらべうたですが、本書の題名を「ふれあいうた・あそびうた」としたのには、こうした保育の本質である「豊かなコミュニケーション」をしっかりと捉えてほしいという思いがあったからです。

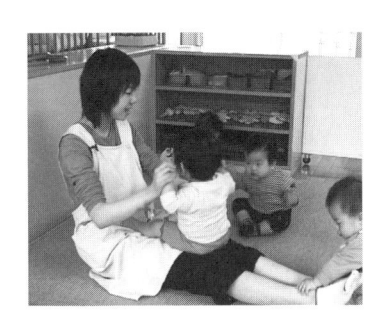

●どのように実践するか

　複数の子どもを相手する生活において、わらべうたをどう実践していくべきでしょうか。いつ、どんな時にうたってあげるべきでしょうか。

　乳児保育の中心はあくまでも一人ひとりの子どもの生活とあそびにあります。そのあたりが、幼児に対する保育と大きく違う部分です。わらべうたはそれぞれの子どものあそびのペースにあわせて、大人がリズムを刻んであげるもので、プログラム型のあそびではありませんから、目の前に子どもをあつめて出し物のようにうたうものではありません。

　わらべうたが、「みんなでうたいましょう」という一斉の導入に適さないのは、関係性をしっかりとつくりあげるふれあいのうたであるという、その本質によるものです。

　乳児期の発達を見ると、睡眠のリズムが一人ひとり違い、食事の自立も一人ひとりが違います。育ちの差も大きく、同じクラス内でもそれぞれ全く違うといってもおかしくありません。そうした一人ひとりのリズムを、集団の生活のなかでいかに保障していくのか、子どもそれぞれの生活とあそびを、クラスという生活空間のなかでどのように実現していくかが、現在の乳児保育の課題です。こうした視点は、わらべうたを保育のなかで実践する際にも同じように求められるのです。

　本質的な人と人との関わりを実現するためには、子どもと保育者の確かな関係性がつくりあげられる保育環境であるかどうかが、重要なポイントとなっているのです。

●一人ひとりから、みんなの楽しみへ

　保育におけるわらべうたの具体的な実践としては、まずは、一人ひとりの子どものあそびにあわせて、うたうことからはじまります。すぐにあそびを楽しみはじめる子どももいるでしょうし、大人の顔やしぐさだけをじっと見ている子どももいるでしょう。あそびの風景を遠くから見て、すぐにあそびに参加しない子どももいるでしょう。

子どもの家庭環境、園での生活の雰囲気など、多くのことが影響するはずです。でも、すぐに反応を見せない子どもたちの中にも、背中で聞きながらうたにあわせて体をゆらしている子どももいます。毎日くり返し刻まれるリズムによって、少しずつうたの世界を楽しみはじめ、心で聞き始めるようになるのです。保育現場のわらべうたあそびでは、そうしたことに十分に注目することが大切です。どの子どももその子なりに体験し、楽しんでいくのがわらべうたです。大人がくり返しうたいあそぶことで、笑顔を見せて、自ら手を出し、あそびに参加するようになっていくのです。
　わらべうたあそびの本質が、保育全体にひろがった時、その保育者の目に映る子育ての風景は大きく変わるかもしれません。本質的な乳児の関わりに目覚めた時、保育者としての喜びが心いっぱいにひろがり、新たな保育の領域に入るのです。そして、そのことをきっかけに、保育そのものの向上にむけた、絶え間ない努力が始まることでしょう。

● わらべうたあそびという保育スキル
　保育者としては、ある程度の状況に対応できるうたあそびのバリエーションを持っておくことは大切です。しかし、それは必ずしも覚えているうたの数が大事だというわけではありません。
　本書では、0・1・2歳の保育を行うにあたって、十分なうたの数と種類が用意されていますが、一つひとつ、目の前の子どもとあそんでいくなかで時間をかけてうたを覚えていってください。この映像にあるあそび方以外にも、いろいろなあそびにひろがっていくことでしょう。たった一つのうたを、一人ひとりの子どもとの固有の体験としてどれだけ積み上げていけるかが、保育の力です。保育の中の一部としてのうたですが、うたが保育そのものなのです。
　わらべうたは、生活のうたでもあります。季節や自然との関わりも多くあります。夏にホタルのうたがあるように、冬には雪のうたがあります。そうしたうたの意味、込め

られた希望など、保育者自身が深めていくことを楽しんでいってください。

●音楽教育の入り口として

　わらべうたは大切な音楽教育の入り口でもあります。わらべうたには2音、レとドで構成されたものがたくさんあります。乳児はわらべうたを耳と心で聴き、リズムに合わせて体をゆすり、この無理のない音域で、自分の声を相手の声に合わせてうたい始めます。最初は一語だったり最後の一語だけの場合もありますが、それが幼い子どもたちにとっての共感の姿なのです。わらべうたをとおして音楽に慣れ親しんだ子どもは、うたうことに自信を持ち、やがて音楽が好きになります。

　子どもたちは耳で聴き、体で感じていますから、うたう大人が音程やリズム、明瞭な発音に気をつけなければならないことはもちろんのことです。特に、園という保育組織で実践するわけですから、うたう大人の個性は尊重しながらも、園全体では、基本的な音程、リズム、歌詞などをできる限り統一して学習しておくことは大切です。そうしたものを核とした上で、あそびのバリエーションがひろがり、それぞれのクラスの、そして園全体のあそびの文化が生まれていくのです。

●子育て文化の担い手として

　わらべうたのあそびのリズムが、子どもの文化として定着すれば、保育は大きく変わっていきます。その変化自体も、保育研修の一つとして、着実にすすめるだけの価値あるものといえるのです。

　わらべうたをうたうことは、民族の言葉や大切な文化にふれることでもあります。貴重な子育て文化の担い手として、子どもたちにうたい、その父母たちにもうたのよろこび、うたがもたらしてくれる子育ての幸せな時間をひろげてあげてください。もちろん、保育者自身が子どもたちとわらべうたを心から楽しんでくださることを願っています。

本書の映像について

●うたの数、選択

　子ども同士の集団あそびもふくめると、わらべうたは膨大な数が伝えられているといわれます。今回、映像として抽出した小さい子どものころからのわらべうた、つまり大人から子どもにうたってあげるわらべうただけでも、資料としてだけでも、数百以上が数えられます。

　今回の映像をまとめるにあたり、集められた資料から、現実の保育園で実践される傾向が高いものを選び、意味やあそび内容の重複を排除して、さらに、一般の子育て関係者にとっても実践しやすいものに絞りこみました。そして、それらを元にして、撮影することができた素材を整理したのが、本書の映像です。

●映像のテーマ

　映像収録のテーマは、０・１・２歳児と大人の１対１の関わりです。人の育ちの原点は乳児期にあります。生活とあそびをベースにした乳児とのあたたかい関わりこそが、あらゆる教育的コミュニケーションのはじまりといえるからです。

　生まれて間もない時期から、言葉も使えず、自分を主張する術を持たないこの乳児期に、目と目をあわせた通じ合い、肌と肌のふれあい、たくさんの愛情ある言葉をかけてもらう体験は、子どもの成長の原点として欠かせないものです。現代の子育てでは、すでに失われてしまったそうした関わりの術を明らかにして、整理し、活用できるようにするのが本書の目的です。

●映像の整理方法

　わらべうたは、このうたは０歳にうたう、このうたは２歳にうたうというように、成長過程の枠に閉じ込められるものではありません。

　生まれたばかりの赤ちゃんから、すでに歩いている２歳の頃、会話がたくさんできるようになってからも、同じうたをずっとうたってあそぶことができます。同じうたでも、赤ちゃんのころはゆったりと抱いてうたってもらっているのが、体がしっかりするころには大きく揺らされながらうたってもらったり、道具を日常の何かに見立てながらあそ

んだりすることもできます。
　今回の映像編集においては、子どもの成長を、①寝返りまでのころ、②ハイハイのころ、③歩行、言葉のはじまり、という３段階にわけて、うたあそびの映像を整理しました。映像では、何度も同じうたあそびが続く編集がなされていますが、同じうたをくり返しうたってほしいという意味と、そうやって小さい頃から同じうたをうたってもらった子どもが、そのうたを自分の大切な一部として楽しんでいくという意味を、ご理解いただきたかったからです。

● ずっと心に残るわらべうたのふれあい
　大好きなお母さんやお父さんにおんぶや抱っこをされながら、口ずさんでもらったうたは、おんぶをもう必要としない年頃になっても、その子どもの心のなかではずっとリズムを刻みつづけます。大きくなって、社会をみわたせるようになっても、その人自身が自覚していなくても、きっと心の奥にたっぷりと蓄えられているはずです。
　いろいろな成長の段階でうたうことができる、いろいろなあそびがあるというわらべうたの本質をご理解いただければ、普段の生活のなかで、自然にうたを楽しんでもらえるのではないでしょうか。

● うたあそびの前後を想像してほしい
　わらべうたのあそびは、生活の流れのなかにあるものです。お遊戯やゲームなどプログラムや出し物のようなものであれば、その部分のみを切り取って身につけるということができますが、わらべうたあそびの関わりは、今回の映像編集のようにうたあそびの部分のみというものではありません。特に、０・１・２歳児とのあそびですから、あくまでもその子どもの生活とあそびが中心にあります。
　あそびの前後には、長い関わりややりとりがあった上で、あそびが展開されていると

いうことを、想像しながらご覧ください。

●画面の外を想像してほしい

　この映像は、子どもたちが集団で生活する保育園で撮影されました。普段の生活において、保育者と子どもが1対1となれるタイミングをみつけて、その中であそびが展開される様を撮影して、積み重ねました。しかし、必ずしも1対1になってのあそびではない映像もありますし、画面の外にいる子どもでも、保育者の声に耳をかたむけている子どもがいたり、ちがうあそびをしながらも背中でリズムを聞いている子どもたちもいます。

　子どもは、一見、うたあそびに参加していなくても、声やあそびに注意を向けて、意識しながら、心のなかであそびに参加していることがよくあります。こうした、保育園でのわらべうたの実践ならではの見えない部分にも、意識を向けながらご覧ください。

●はじめての試み－各自の実践のヒントとして

　本書は、多くの保育現場の方々が研修で活かし、その専門性を高めることを目的に制作されました。

　その質が確保された上で実際の子どもとのあそびが収録され、これだけの数のあそびが本格的な映像資料として出版されるのは初めてのことです。わらべうたの美しさはもちろん、うたの前後にあるやりとり、絶妙な受け答えなど、このあたたかい関わりの雰囲気が目でみえる情報としてまとめられた画期的な試みでもあります。しかし、それだけに、この映像を利用する方にご理解いただきたいことがあります。

　わらべうたはさまざまな地域で生まれ、さまざまな地域で伝承されてきました。そのため、現在あるわらべうた実践においても、そうした地域差、研修におけるあそび方、導入の仕方など解釈の違いなども存在します。

本書映像については、ある保育園の研修過程の一つであり、特に、今回の実践の収録については、時間をかけて慣れながら撮影が行われましたが、子どもや保育者にとっては、いつもとはちがうものになった部分もあります。そうしたことをご理解いただいた上で、この映像をヒントにして、それぞれの立場でより実践を深めていってください。

　今、多くの場所で、わらべうたの実践についての研修会などが催されています。本書の映像がそうした学びの入り口として大きな役目を果たしてくれることを願っています。伝承とは、機械的にくりかえすことではありません。創造的に実践し伝えていくことが、将来の子育て文化をつくっていくことにつながっていくのです。

●多くの現場で有効活用してほしい

　本書の映像がさまざまな場所で有効活用され、これから子育てをしようとする人、子育て中の人、プロの保育者をめざす人、経験ある人にとっての大きなモデルとなることを期待しています。

本書の映像を撮影した保育園名については、お子様の個人情報保護のため、名前や場所などの情報は公開しておりません。保育実践の内容についてご質問がある場合には、編集部にお問い合わせください。

楽譜一覧

うたの解説頁の右上に [♪] がある場合は、メロディのあるうたとして、楽譜一覧に楽譜が掲載されています。「P.***」で掲載ページを指定しています。

No.1 このこどこのこ

この　こ　　どこのこ　　かっ　ちん　　こ

No.5 かくれよ ばー

かくれよ　ばー

No.7 たけんこが はえた

たけんこが　はえた　たけんこが　はえた

ぶらんこ　ぶらんこ　さるがえり

No.8 うえから したから

うえから　したから　おおかぜこい　こいこいこい

No.9 いもむし ごろごろ

いもむし　ごろごろ　ひょうたん　ぽっくりこ

No.11 でこちゃん はなちゃん

でこちゃん　はなちゃん　きしゃぽっぽ

No.12 おらうちの

おらうちの　どてかぼちゃ
ひにやけて　くわれない

No.15 えんやら もものき

えん　やら　も　ものき　も　もがなったら

だれにやろう　○○ちゃんに　あげよか

○○ちゃんに　あげよか　だれに　あげよか

No.16 たんぽぽ たんぽぽ

たんぽぽたんぽぽ　むこうやまへとんでけ

No.18 どんぶかっか

どんぶかっか　すっかっか　あったまって　あがれ

かわらの　どじょうが　こがいを　うんで

あずきか　まめか　つづらのこ　つづらのこ

No.20 こねまぬ なくか

こねまぬなくか あんまん な きどうすい こねまぬばろた
あんまん ばらいどう すい ほ い ほいやら よーー

No.21 ねんねん ねやまの

ねん	ねん	ねね	やま	のが	めい	やて	まい	ちた
ちゅー	ちゅー	さ	み	の	な	つ	い	に
だい	こく	は	ま	く	お	か	し	な
ぼう	やも		や		ね	ね		

こ や の こ ちょ を お と き
な め の よ か の い つ ば
ね ん や よ こ こ と い に
だ い ね く さ た へ お る す
 ん こ   ま ま か
 い   り

No.22 かぜふくな

か ぜ ふ く な かぜふくな
や ね の し た かぜふくな

No.23 いまないた からすが

いまないた からすが もう わらった

No.25 さよなら あんころもち

さよなら あんころもち また きなこ

No.26 ほたるこい

ほ たる こい やま みち こい

あん どの ひかり を ちょい と みて こい

No.27 たこたこ あがれ

たこ たこ あがれ てんま で あがれ

No.28 まめっちょ

ま めっちょ まめっちょ いった まめ ぼりぼり いんね まめ

なまぐせ すずめら も まわっから おれら も まわりましょ

No.29 うまはとしとし

うま は と し と し ないて も つよ

い うま は つよい から のりて さん も つよ い

No.32 つーながれ

つーながれ　　　つーながれ
へびごっこ　するもの　つーながれ

No.33 もみすり おかた

もみすり　おかた　もみがなけりゃ　かしましょ　もみゃまだ
ござる　うすにさんじょ　みにさんじょ　すってすって　すりこかせ

No.35 かご かご

かご　かご　じゅう　ろくもん　えどからきょうまで　さん　もん　め
ふ　かいか　わへ　は　めよか　あ　さいか　わへ　は　めよか
やっ　ぱ　り　ふ　かいか　わへ　どぶーん
（あ　さいか　わへ）じゃぼ じゃぼ じゃぼ

No.36 ほっぺの もっちゃ

ほっ　ぺのもっ　ちゃ　やっ　こいも　ち　ちょん　ちょん　ちょん
ま　るでちょん　もひとつちょん　おまけにちょん

No.37 こりゃ どこの

こりゃ どこの じぞうさん うみの はたの じぞうさん うみに つけて どぼーん

No.38 ももや ももや

ももや ももや ながれは はやい せんたく すれば きものが ぬれる あ どっ こい しょ

No.39 かれっこ やいて

かれっこ やいて とっくらきゃして やいて しょうゆー つけて たべたら うまかろう

No.40 なべなべ

なべ なべ そこぬけ そこが ぬけたら かえりましょう

No.42 こめついたら

こめ ついたら は な そう は なした

No.43 じごく ごくらく

じ ごく ご くらく えんまさんの まえで おきょうを よんで
(はりのやまへ とんでけ)

No.44 だるまさん

だ るまさん だ るまさん に らめっ こし ましょ

わ らう と ま けよ あっ ぷっ ぷ

No.45 くまさん くまさん

く ま さん く ま さん まわれみ ぎ く ま さん

く ま さん りょう て を つ いて く ま さん く ま さん

かたあし あげて く ま さん く ま さん さようなら

No.46 おじいさん おばあさん

おじいさん おばあさん なにくって かがんだ えびくって かがんだ

No.49 おすわりやす

おすわりや すいすどっせ

あんまりのったらこけまっせ

No.52 おでんでんぐるま

おでんでんぐるまにかねはちのせて

いまにおちるかまっさかさんよ

もひとつおまけにすととーんしょ

No.60 にぎり ぱっちり

にぎりぱっちりたてよこひよこ

No.62 おちゃを のみに

おちゃをのみにきてくださいはいこんにちは

いろいろおせわになりましたはいさようなら

No.64 おせんべ

おせんべ やけたかな

No.66 ごいごいごいよ

ごい ごい ごい よ となりの おばば

いま きちゃ も みがない あき こい も みやろ

No.72 あがりめ さがりめ

あがりめ さがりめ

ぐるりと まわって ねこのめ

No.76 かんてき わって

かんてき わって すりばち わって しかられ

て おかして た まらん あい たた のた

No.79 でんでんむし

でんでんむし でむし で なかま ぶちわろ

No.82 たにこえ やまこえ

たにこえ やまこえ てっきょう わたり
きてきを ならして きしゃ はしる

No.85 どんぐり ころちゃん

どんぐり ころちゃん あたまは とんがって
おしりは ぺっちゃんこ どんぐりはちくりしょ

No.86 どっち どっち

どっち どっち えべすさん えべす
さんに きいたら わかる

No.87 いちじく にんじん

いちじく にんじん さんしょに しいたけ ごぼう で ほい

曲目一覧

50音順

曲名	番号	ページ
あいにさらさら	No.24	31
あかちゃん あかちゃん	No.56	63
あがりめ さがりめ	No.72	79
あし あし あひる	No.31	38
あずきちょ まめちょ	No.10	17
あたまさま まいた	No.50	57
あんこ じょーじょー	No.73	80
いちじく にんじん	No.87	94
いちめどー	No.53	60
いちり にり	No.3	10
いっすんぼうし	No.51	58
いない いない ばー	No.2	9
いまないたからすが	No.23	30
いもむし ごろごろ	No.9	16
うえから したから	No.8	15
うまはとしとし	No.29	36
えんやら もものき	No.15	22
おじいさん おばあさん	No.46	53
おすわりやす	No.49	56
おせんべ	No.64	71
おちゃを のみに	No.62	69
おでこさんを まいて	No.84	91
おでんでんぐるま	No.52	59
おにさの るすに	No.55	62
おふねは ぎっちらこ	No.67	74
おやゆび ねむれ	No.70	77
おらうちの	No.12	19
かくれよ ばー	No.5	12
かご かご	No.35	42
かぜふくな	No.22	29
かたどん ひじどん	No.63	70
かってこ かってこ	No.83	90
かれっこ やいて	No.39	46
かんてき わって	No.76	83
きっこの こびきさん	No.80	87
ぎっこん ばっこん	No.59	66
ぎっちょ ぎっちょ	No.34	41
きつねんめ	No.71	78
くまさん くまさん	No.45	52
ごいごいごいよ	No.66	73
こーぶろ こーぶろ	No.4	11
ここは てっくび	No.74	81
ここは とうちゃん	No.77	84
こぞーねろ	No.65	72

こねまぬ なくか	No.20 27	でんでんむし	No.79 86
このこどこのこ	No.1 8	とうきょうと	No.54 61
こめついたら	No.42 49	どっち どっち	No.86 93
こりゃ どこの	No.37 44	どっちん かっちん	No.13 20
さよなら あんころもち	No.25 32	どどっこ やがいん	No.57 64
じー じー ばー	No.17 24	どのこがよいこ	No.47 54
じーかいて ぽん	No.6 13	とのさま おちゃくざ	No.81 88
じごく ごくらく	No.43 50	どんぐり ころちゃん	No.85 92
たけんこが はえた	No.7 14	どんぶかっか	No.18 25
たこたこ あがれ	No.27 34	なべなべ	No.40 47
たにこえ やまこえ	No.82 89	にぎり ぱっちり	No.60 67
たぬきさん	No.68 75	ねずみ ねずみ	No.61 68
たまげた こまげた	No.78 85	ねんねん ねやまの	No.21 28
だるまさん	No.44 51	ひとつ ひよどり	No.88 95
たんぽぽ たんぽぽ	No.16 23	ぼうず ぼうず	No.30 37
ちゅっちゅ こっこ	No.19 26	ほたるこい	No.26 33
ちょうちょ ちょうちょ	No.14 21	ほっぺの もっちゃ	No.36 43
ちょち ちょち あわわ	No.41 48	まめっちょ	No.28 35
つーながれ	No.32 39	めん めん すー すー	No.48 55
できもん かち かち	No.75 82	もみすり おかた	No.33 40
でこちゃん はなちゃん	No.11 18	ももや ももや	No.38 45
てっての ねずみ	No.58 65	やすべー じじいは	No.69 76

127

監修

汐見 稔幸（しおみ としゆき）

1947年 大阪府生まれ。東京大学教育学部卒、同大学院博士課程修了。東京大学大学院教育学研究科教授を経て、2007年4月より白梅学園大学教授。専門は教育学、教育人間学。教育人間学の応用部門として育児や保育を研究対象としている。育児の実際にかかわってきて、その体験から父親の育児参加も呼びかけている。『父子手帖』を出版したのもそうした動機から。育児問題に関心を広げる中で赤ちゃんの科学に関心を持つようになる一方、現代の女性、男性の生き方とその関係のあり方、家族問題などについても関心を広げている。保育者とともに臨床育児・保育研究会を会催。同会が発行しているユニークな保育雑誌『エデュカーレ』の責任編集者。

保育実践

石田 はるみ（保育士）
濱口 敦子（保育士）
田口 亜紀菜（保育士）

企画・編集制作

長谷 吉洋（園と家庭を結ぶ『げんき』編集部）

装丁・本文デザイン

高岡 素子

映像で見る 0・1・2歳のふれあいうた・あそびうた
やさしさを育む88の関わり

2007年4月30日　　第1版　第1刷発行
2014年12月19日　　　　　　第3刷発行

監　修　　汐見稔幸
発行者　　大塚智孝
印刷・製本　株式会社シナノ
発行所　　エイデル研究所
　　　　　102-0073　東京都千代田区九段北4-1-9
　　　　　TEL.03-3234-4641 FAX.03-3234-4644
ISBN　　978-4-87168-422-4